나는 왜 상처받는 관계만 되풀이하는가

나는 왜
상처받는 관계만
되풀이하는가

카르멘 R. 베리, 마크 W. 베이커 지음 ｜ 이상원 옮김

전나무숲

아무도 완벽한 사람은 없으며 따라서

어떤 인간관계도 완벽하지 않다.

당신의 인간관계도 마찬가지이다.

상처받는 관계에 무방비 상태로 놓여 있다면

큰 고통을 당하지 않도록 주의해야 한다.

상처받았다면 당신이 가진 모든 힘을 모아 치유 과정을 밟아나가라.

그러나 작은 흠이 보인다고 해서

의미 있는 관계를 포기해서도 안 된다.

완벽주의는 결국 외로움으로 이어진다.

늘 사랑이 가득한 삶을 만들려면 먼저 자신의 힘을 키워야 한다.

제 1 장

피해자 덫

'피해자 덫'이란 피해자 의식에 사로잡혀 상처를 받고 다시 상처를 주면서
관계를 망치는 인간관계의 악순환을 말한다.
위기에 처한 사람, 문제 있는 인간관계를 반복하는 사람만이 이 덫에 걸리는 것은 아니다.
그보다는 인간관계에서 최소한 한쪽은 무력할 수밖에 없다고 믿고
그렇게 행동하는 경우에 이 덫에 걸리고 만다.

．　．　．　．　．

앨런은 제니가 식당으로 들어가는 모습을 차에 앉아 지켜보았다. 식당 창문으로 제니가 잘생긴 남자와 단 둘이 식사하는 것이 보였다. 앨런은 격분하여 차에서 뛰쳐나와 식당으로 달려 들어갔다. 어떻게 제니가 자신을 배신한단 말인가?

이 상황에서 비난받아야 할 사람은 누구인가? 공공장소에서 소란을 일으킨 남자인가, 남자의 믿음을 배신한 여자인가?

．　．　．　．　．

릴리는 남편에게 떠나지 말라고 애원했다. 그러면서 "지금 떠난다면 두 번 다시 아이들을 보지 못할 것"이라고 협박했다. 아버지의 권리를 영원히 포기해야 하는 것이다.

이 상황에서 비난받아야 할 사람은 누구인가? 아내를 버리려는 남편인가, 아이들을 이용해 남편을 붙잡으려는 아내인가?

．　．　．　．　．

· · · · ·

경찰이 들이닥쳤을 때 엘리사는 여전히 총을 손에 쥔 상태였다. 피투성이가 되어 쓰러진 남편을 내려다보며 엘리사는 그저 흐느꼈다. 어떻게 이런 사태까지 온 것일까? 도와줄 사람이 아무도 없는 상황에서 엘리사는 무슨 수를 쓰든지 남편의 폭력을 중단시켜야 했다.

이 상황에서 비난받아야 할 사람은 누구인가? 아내를 때린 남편인가, 아니면 방아쇠를 당긴 아내인가?

· · · · ·

지난 15년 동안 상담치료 현장이나 세미나를 통해 관찰해보니 자신을 '피해자'라고 여기며 남에게 상처 주는 일을 정당화하는 사람들이 많았다. 이런 정당화는 상처의 순환고리를 끊기보다는 상처를 영속화한다. 상처받은 사람이 상대에게 상처를 주고, 상대는 또 다른 사람에게 상처를 주는 식으로 계속 새롭게 순환고리가 만들어지는 것이다.

· · · · ·

서로 상처만 주는 인간관계의
순환고리

　　교통사고, 전쟁, 지진과 같은 큰 재해를 당하거나 강간, 폭력 등의 범
죄를 겪은 사람들은 사건이 진정되거나 해결된 다음에도 엄청난 심리적
충격에 시달리게 된다. 이들은 단순히 일정 기간만이 아닌, 평생 동안 고
통을 느끼는 심적외상후스트레스장애(PTSD)에 걸릴 확률도 높다. 이처
럼 스스로 어찌할 수 없는 무력감을 경험한 사람이 끊임없이 불안해하며
자신을 피해자라 여기는 것을 심리학적으로 '피해자 심리'라 한다. 피
해자 심리에 빠지면 단순히 위로나 피해 구제만 받는 것으로는 부족하
다. 깊은 마음의 상처를 치유하기 위해서는 전문적인 심리 평가와 상담
을 통한 지속적인 지원을 받아야 한다.

　　그런데 인간관계에서도 늘 자신을 무력한 피해자라 여기는 사람이

있다. 이들은 피해자임을 자처하며 오히려 상대에게 고통을 준다. '난 피해자야'라는 생각에 빠져 관계를 발전시키기보다는 모두를 감정 싸움의 진흙탕으로 끌어들인다. '피해자 의식'에 사로잡힌 것이다.

'피해자 덫'이란 '난 피해자야'라는 생각 때문에 상처를 받고 다시 상처를 주면서 관계를 망치는 인간관계의 악순환을 말한다. 그런데 위기에 처한 사람, 문제 있는 인간관계를 반복하는 사람만이 이 덫에 걸리는 것은 아니다. 그보다는 인간관계에서 최소한 한쪽은 무력할 수밖에 없다고 믿고 그렇게 행동하는 경우에 이 덫에 걸리고 만다. 돌이켜보면 아마 모두가 한 번씩은 피해자 덫에 걸려보았을 것이다.

'피해자 덫'에 걸렸을 때 우리는 어떻게 관계를 회복시킬 수 있을까?

피해자 덫은 어떻게 생기는가

지금 상처뿐인 관계를 맺고 있다면 대부분의 경우 "제발 멈춰!"라고 소리치는 게 고작일 것이다. 달리 무슨 말을 해야 할지 모르고 누구의 잘못인지도 분명치 않기 때문이다.

'도대체 왜 이런 지경에 빠지게 되었을까?'

이런 의문이 든다면 몇 가지 생각해보자.

우리는 인간관계를 맺을 때 현실감각의 공유라는 바탕 위에서 친밀감을 기대한다. 세상을 같은 눈은 아니더라도 적어도 어떤 시각으로 대하는지 알고 그 인식을 함께 나눈다는 얘기다. 서로 합의되지 않은 상황

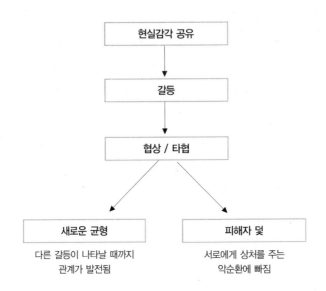

이라 해도 그 이유를 알고 '차이'를 받아들인다.

좋은 인간관계는 서로에게 긍정적이다. 함께 있는 것만으로도 기쁘고 스스로가 사랑받고 필요한 존재라는 느낌을 받게 된다. 보통 인간관계의 초기 단계에서는 보상이 많고 재미있다.

그러다가 피할 수 없는 일이 일어난다. 갈등이 생기면서 문제점이 분명히 드러나는 시점이 다가온다. 결국 둘은 기대만큼 현실감각을 공유하지 못했다는 것을 알게 된다. 갈등이 더욱 심각해지고 조화로웠던 친밀감과 행복도 파괴되어 버린다. 상대를 바라보며 '이 사람은 대체 누구지?'라고 생각하기 시작한다. 단절감을 느끼며 이전의 유대감, 상호이해를 회복하려는 마음이 간절해진다.

그리하여 '협상(타협)' 단계가 시작된다. 상대에게 내 관점을 이해시키려 애쓰는 과정이다. 건강한 관계에서는 인식의 차이를 줄이거나 인정한다. 관계의 정의, 기대 등이 변하기도 하지만 그 변화는 다시 새로운 균형을 만들어낸다. 새로운 인식 공유는 다음 갈등이 나타날 때까지 관계를 안정시킨다.

반면 차이나 변화를 수용하지 못하는 관계도 있다. 인식 차이가 너무 커서 마치 상대가 외계인처럼 느껴지는 것이다. 그러면 관계에서 무력감을 느끼고 새로운 균형을 이루기가 쉽지 않아진다. 이때 그 관계는 '피해자 덫'에 걸리기 쉽다.

그런데 무력감에 사로잡히고 나면 현재의 반응이 과거의 경험들 때문이라는 점을 깨닫지 못한다. 오늘날 우리가 보이는 반응 하나하나는 어린 시절, 이전의 인간관계, 수년 동안의 자기통제 방식이 만들어낸 결과이다. 문제는 과거는 제대로 해결할 수 없다는 잘못된 믿음을 갖게 되면 과거 기억은 피하고 거부해야 할 대상이 되어버린다는 것이다. 그 결과 무엇 때문에 현재 이런 반응을 보이는지도 모른 채 잠재의식의 힘에 좌지우지되고 만다.

피해자 덫에 걸린 사람은 무의식의 영향력을 알려고 하지 않는다. 고통스러운 감정을 의식하지 않으려 애쓴다. 파헤쳤을 때 빚어질 상황이 너무도 두렵기 때문이다. 이들의 모토는 '죽어 묻힌 것을 파내지 마라' 이다. 그렇지만 산 채로 파묻힌 게 너무 많다는 것이 문제다. 무의식으로 밀려난 사건이나 문제는 마치 '살아 있는 양' 강력한 감정을 만들어낸다. 하지만 우리는 무의식에 갇히면 더 이상 아무 영향도 미치지 못한다고 믿는다. 잘못된 믿음이다.

오늘 나에게 상처 입힌 사람은 내 인생에서 최초의 가해자가 아니다. 그런데도 마치 처음 겪는 일인 양 반응하게 되면 고통의 깊은 뿌리는 더욱 숨어들고 만다. 고통을 딛고 힘을 회복하려면 이 고통이 어디에서 왔는지, 자기가 느끼는 감정의 실체는 무엇인지 제대로 이해해야 한다.

현재의 고통에서 승리하려면 과거의 고통과 씨름해야 한다. 자신의 감정을 바로 이해하고 과거의 나쁜 경험을 잘 해결해야 감정 에너지를 현재와 미래로 돌릴 수 있다.

누가 피해자 덫에 걸리는가

어린 시절 학대와 고통에 시달렸던 피해자도 상대적으로 행복하고 건강한 삶을 살며 피해자 덫을 피해갈 수 있다. 반면 피해자였던 기억과 영향에서 영원히 헤어나오지 못하고 관계에 문제가 생겼을 때마다 스스로 무력한 피해자라 여기며 남을 비난하고 부정적인 감정을 휘두르는 사람이 있다. 이들은 피해자 덫에 걸려 상처받는 관계만을 되풀이하게 된다.

피해자 덫에 걸리는 길은 두 가지이다.

첫번째는 자신을 무력하게 보는 것이다. 내 행복이 다른 사람에게 달려 있다고 믿는다면 이미 피해자 덫에 걸린 셈이다. 우리 사회는 이런 사고방식을 부추기는 경향이 있다. 고통스러운 감정, 행동, 선택 등의 이유를 불공평한 애정관계, 어린 시절의 학대, 부모의 무책임, 감정적·성적 상처 탓으로 돌리게끔 하면서 말이다.

두 번째는 상대를 무력하게 보는 것이다. 상대가 자신보다 힘이 약하거나 아예 없다고 여길 때 피해자 덫에 걸린다. 자신이 도와야 한다고 생각하기 때문이다. 누구도 남의 감정까지 바꿔줄 만큼 큰 힘을 가지고 있지는 않다. 상대의 행동이나 감정을 책임져야 한다고 느끼는 순간, 이미 피해자 덫에 걸려든 셈이다.

인간관계가 피해자 덫에 걸렸는지 아닌지 판단하기란 쉽지 않다. 하지만 시간이 가면서 특정 행동 유형이 반복된다면 그 관계가 건강한지를 알 수 있다. 자신과 상대를 관찰해봐라. 그러면 상대와의 관계가 피해자 덫에 걸려 있는지 아닌지, 무력감을 느끼는 쪽이 자신인지 상대방인지 파악하게 될 것이다.

::: 체크리스트 _ 나는 피해자 덫에 걸렸는가

관계에서 한쪽이 늘 약한 모습을 보이고 희생자임을 강조하고 있다면 피해자 덫에 걸려 있을 확률이 높다. 자신이나 상대가 각 항목에서 설명하는 모습을 보이고 있다면 문제를 바로 인식하고 해결에 나서야 한다.

체크 항목	체크하기
힘의 작용 방식을 살펴라 책임지는 결정을 미루는가, 서로의 인식에 차이가 있음을 인정하지 않고 일체감만을 강조하는가? 문제에 합의를 이루고 새로운 경계를 만들려는 태도를 위협으로 느끼는가?	

체크 항목	체크하기
고통 처리 방식을 파악하라 일단 상처를 받았다면 그 상황이 끝나도 고통이 자연스럽게 사라지지는 않는다. 극복할 수 있는 힘을 가지지 못하는 한 계속 몸과 마음, 인간관계에서 그 고통을 안고 가야 한다. 피해자 덫에 걸린 사람은 자신에게도 힘이 있으니 스스로 방법을 찾아 행동해야 한다는 생각을 하지 못한다. 늘 당하고 있다는 느낌을 의식에서 밀어내는 일에만 에너지를 집중해 결국 중요한 감정들을 제대로 통제하지 못하고 인간관계도 피상적으로 머무른다.	
'비난게임'을 하고 있는가 피해자 덫에 걸리면 남을 비난하는 데 열중한다. 비난할 상대를 찾고 고통의 이유를 누군가에게 전가하면서 만족감을 얻는다. '적'이 누군지 파악함으로써 위험의 근원이 분명해지고 안정감을 찾는 듯하겠지만 그건 거짓안정이다. 비난게임은 비난하는 측과 비난받는 측 모두에게 상처를 준다. 피해자로 행동하는 사람과 친할수록, 더 많이 배려할수록 상처받을 가능성이 커진다.	
관계를 장악하려드는가 사실 그 관계를 중요하게 생각하지 않는다면 피해자 덫에 걸리지도 않을 것이다. 아무 상관도 없는 일에 마음 쓰지 않을 테니 말이다. 그러나 너무도 소중한 관계를 지키기 위해 장악하려들면 오히려 상대를 고통스럽게 만드는 피해자 덫에 걸리게 된다. 또 일부는 자기 욕구는 무시하고 남에게 맞추려고만 해 반대로 관계를 통제하려는 악순환을 밟는다.	
자기 감정에 초점을 맞춰 관계의 건전성을 판단하라 피해자 덫에 걸리면 다양한 감정 때문에 혼란을 느낄 수 있다. 두려움을 제대로 통제하지 못하는 상대는 자신까지도 두려움에 빠뜨릴지 모른다. 분노를 제대로 통제하지 못하는 상대는 자신까지도 미쳐 날뛰게 만든다. 여기에 효율적으로 대응하려면 자신의 감정을 명확히 인식하고 상대의 행동 동기가 무엇인지 이해해야 한다. 그렇지 못하면 자신 역시 무력감, 학대, 폭발의 순환고리에 갇히고 만다.	

나는 왜 상처받는 관계만 되풀이하는가

피해자 덫에서 자유로워지기 위한 4단계

첫 단계, 책임지기

책임을 지려면 상처를 주는 사람과 일정 거리를 두기 위한 경계를 설정하고 상대의 행동이 불러일으킨 감정과 대면해야 한다. 책임지기는 방어적 자기보호가 아닌 자기애(自己愛)로부터 힘을 끌어내도록 해주고 학대를 중단시킨다. 스스로 피해자라 믿는 사람이 남을 비난하는 이유도 힘이 자기 안이 아닌, 바깥에 있다고 여기기 때문이다. 자기 고통에 책임을 진다는 것은 내부의 힘을 깨달은 상태에서만 가능하다.

두 번째 단계, 도움 요청하기

피해자 덫에 걸려 있을 때 오롯이 혼자서 헤쳐나가려 하지 마라. 현실에 대한 자기 관점이 의심스러워질 수도 있고 남에게 상처를 주었는지 여부를 명확히 가려내기 어려울 수도 있다. 절망할지도 모르고 '승패' 게임에 휘말리면 복수심에 불타게 될지도 모른다. 하지만 절망과 분노가 아무리 크다 해도 복수는 피해자 덫을 한층 더 단단하게 만들 뿐이다.

혼자서 쉽게 자기 힘을 되찾을 수 있는 사람은 아무도 없다. 도움을 요청하라.

세 번째 단계, 관계 재정립하기

관계 종료는 환상인 반면 관계 재정립은 해법이다. 만나지 않으면 문제도 끝난다는 생각은 우리를 피해자 덫에 걸리게 한다. 고통을 피하면 그것으로 끝이라는 식이다. 하지만 눈을 감는다고 우리가 사라지지 않듯 느끼지 않는다고 대상이 없어지지는 않는다. 거부는 상황을 제대로 인식하지 못하게 해 결국 우리를 한층 약하게 만든다. 희생양이 되어버릴 가능성이 커지는 것이다. 과거 관계와 미래의 다른 관계를 연결시켜 보지 못하게 해 학대관계 유형이 반복되기도 한다.

상처 주는 관계를 끝내는 것은 해결책이 아니다. 결국 힘이 내가 아닌 남들에게 있다는 생각을 남기기 때문이다. 무력한 사람은 관계를 끝내려 하지만 자기 힘을 믿는 이들은 관계를 재정립한다. 물론 관계의 일부 측면들은 단호히 끝내야 할 필요도 있다. 예를 들어 폭력이 개입된다면 "그만!"이라고 외칠 수 있어야 한다. 하지만 그것이 다는 아니다. 후속 폭력을 막기 위한 조치를 취하고 상황을 예의 주시해야 한다.

관계 재정립의 핵심은 자신의 책임을 인정하고 상대에게도 책임을 묻는 것이다. 책임을 묻는 것은 비난하기와는 전혀 다르다.

관계를 재정립하기 위해서는 관계 맺은 모든 사람이 함께 성장해야 한다. 올바른 성장은 열린 마음을 요구한다. 마음을 열려면 스스로 힘이 있다고 느껴야 가능하다. 자신의 힘을 확신한다면 자기보호가 아닌 관계 발전이 목표로 떠오른다. 언제 상처받을지 몰라 뒤로 숨을 필요 없이 남들과 관계를 맺을 수 있다. 변화는 더 이상 두렵지 않고 설레는 것이 된다.

네 번째 단계, 감정 통제 방법 익히기

학대받은 경험이 있다면 자신도 남도 신뢰하기가 쉽지 않다. 자신에 대한 신뢰를 회복해야 남에 대한 신뢰도 생긴다. 피해자 덫에서 벗어나는 데 필요한 힘과 책임감이 자신에게 있음을 믿어야 한다. 그러기 위해서는 고통과 대면하고 감정을 통제할 수 있어야 한다. 고통과 대면함으로써 우리는 남에게 책임을 물을 만한 자신감을 얻는다. 이를 통해 아직도 끝나지 않은 과거의 상처에서도 벗어나게 된다.

피해자 덫에 걸려든 사람이 고통을 힘으로 바꾸려면 감정이라는 시험대를 통과해야 한다. 패배감, 수치심, 소외감, 고독감 같은 부정적인 감정은 언제든 우리를 덮칠 수 있다. 한편 피해자 덫 관계에서 우리는 스스로가 아주 중요하고 상대에게 필요한 존재인 양 착각할 수도 있다. 여기에 속아넘어가서는 안 된다. 우리에게는 분명 힘이 있지만 그것은 상황을 조정해 상대까지 행복하게 만들 만큼의 힘은 아니다. 감정과 솔직하게 마주하면 자기 힘을 회복하는 동시에 한계도 알게 된다.

피해자 덫 관계를 변화시키는 과정은 어렵다. 홀로 그 길을 가려 하지 마라. 솔직하게 털어놓고 도움을 청할 사람들을 찾아라. 우리는 남들과 어울리며 살아갈 능력을 지녔다. 우리는 고통과 대면하고 감정을 통제하며 관계를 재정립할 수 있다. 벌써 중요한 첫 걸음은 내디딘 셈이다. 성장하기로 작정했으니 말이다.

2~6장에서는 우리를 피해자 덫에 걸려들게 하는 강력한 심리적 요소에 대해 자세히 알아볼 것이다. 바로 두려움, 분노, 슬픔, 죄의식, 거짓 힘 등이다. 그 고통이 어디에서 왔으며, 어떻게 다뤄야 하는지 하나하나 파악하게 될 것이다.

제 2장

첫번째 피해자 덫

두려움

두려움은 우리의 집중력을 앗아가고 몸과 마음을 고통스럽게 만드는 강력한 감정이다.

두려움이 꼭 나쁜 것은 아니다.

그러나 두려움으로 인해 피해자 덫에 걸리면

'도망치기'와 '싸우기' 반응으로 일관해 관계를 망치고 만다.

· · · · ·

　대니의 인생에서 최악의 날은 이혼한 아내 글로리아가 아이들을 빼앗아간 때였다. 대니는 딸들을 매우 사랑했지만 글로리아는 그가 딸들과 함께 지낼 기회를 두 번 다시 주지 않을 게 뻔했다.

　대니는 글로리아를 잘 알았다. 이혼한 남편이 행복하게 사는 모습을 보느니 평생 모은 돈을 변호사에게 갖다 바쳐서라도 복수할 방법을 찾을 사람이었다. 대니의 마음속에는 자기가 한 일, 또한 하지 않은 일로 글로리아가 폭발했던 기억이 고스란히 담겨 있었다. 대니는 글로리아와 달랐다. 글로리아처럼 하는 일마다 성공을 거두지 못했다. 더 적극적이지 못하다는, 더 '남자답지' 못하다는 글로리아의 비난은 점점 참기 어려워졌다. 회사로 뛰어들어와 전 직원이 지켜보는 가운데 남편이 바람을 피웠다고 법석을 떨었던 일은 기억하기도 끔찍했다.

　어째서 글로리아는 모든 것이 남편 잘못이라고 생각하는 걸까?

· · · · ·

．　．　．　．　．

　글로리아는 마당에서 노는 딸들을 지켜보며 어린 시절을 떠올렸다. 어머니와 계부는 늘 소리치며 싸웠고, 그때마다 어린 글로리아는 두려움에 사로잡히곤 했다. 글로리아는 계부가 고함칠 때면 들려오던 어머니의 울음소리가 듣기 싫었다. 결국 계부는 집을 나가 다른 여자에게 가버렸다. 글로리아는 이제 어머니가 울지 않을 거라 생각하며 기뻐했지만, 감정적으로 경제적으로 나약한 어머니는 전보다 한층 더 많이 울었다.

　글로리아는 절대 어머니처럼 살지 않겠다고 결심했다. 계부가 어머니를 위협했듯 남편 대니가 자기를 위협하도록 내버려두지 않을 것이다. 남편 때문에 자기 인생을 망치는 일도 절대 없을 것이다.

．　．　．　．　．

두려움의 두 가지 반응,
싸우기와 도망치기

두려움은 강력한 감정이다. 두려움은 우리의 집중력을 앗아가고 온몸이 떨리게 한다. 『웹스터 백과사전』의 정의에 따르면 두려움은 '실제적 혹은 상상 속의 고통, 위험, 악행 등이 임박했을 때 일어나는 괴로운 감정'이라고 되어 있다. 안전이 위협받는다고 느낄 때 자연적으로 일어나는 반응인 것이다.

우리는 모두 예외 없이 누군가 혹은 무언가를 두려워한다. 학교에서는 대장 노릇을 하는 학생이 위협을 가하고 가정에서는 은밀한 학대가 일어나며 한밤중에 지진이 나 깨기도 하고 주차해두었던 차가 도난당하기도 한다. 자신의 통제범위를 넘어선 상황에 두려움을 느끼는 일은 아이뿐만 아니라 어른에게도 생긴다.

두려움이 꼭 문제가 되는 것은 아니다. 다만 두려움이 통제되지 못한다면 문제가 발생한다. 두려움을 제대로 통제하지 못하면 두 가지 반응이 나타난다. 하나는 도망친 후 멀리서 비난하기, 두 번째는 비난을 무기 삼아 맞서 싸우는 것. 어느 경우든 스스로의 힘을 깨닫지 못하면 피해자 덫에 걸리고 만다.

글로리아와 대니는 모두 자신이 피해자라고 여겼다. 결혼 후 몇 년 동안은 평화로웠다. 하지만 딸들이 태어난 시점부터 긴장이 고조되었고 감정 통제에 실패한 글로리아와 대니는 싸우기와 도망치기라는 파괴적인 유형을 반복했다.

글로리아는 두려움에 맞서 싸우는 '전사'였다. 말을 잘하고 똑똑했기 때문에 싸움에서 늘 이겼다. 대니는 아내의 기세에 눌려 '도망자'가 되었다. 아내의 말솜씨에 제압당한 그는 포기하는 편을 택했다. 관계가 나빠지면서 글로리아는 더 많이 소리를 질렀고 대니는 더 멀리 도망쳤다. 대니는 아내의 말이 다 사실임을 알고 두려워하면서도 태도를 바꾸지 않았다. 결국 아내와는 그 어떤 대화도 거부하는 지경에 이르렀다.

이렇게 되자 글로리아는 한층 더 좌절했다. 남편이 자기를 버릴까 봐, 어머니처럼 자기 역시 실패자가 될까 봐 두려웠다. 처음에는 남편에게 잘해주려고도 노력했다. 하지만 자기를 방어하기에 바쁜 대니는 그 노력을 눈치채지 못했다. 남편이 뜻대로 반응을 보이지 않자 글로리아는 비난을 쏟아부으며 남편이 싸움에 응하도록 유도했다. 싸움이라도 하는 편이 무관심한 상태보다는 낫다고 여겼기 때문이다. 하지만 남편은 도망쳤고 글로리아는 혼자 남아 두려워했다.

수년 동안 서로에게 상처를 입힌 끝에 두 사람은 서로를 탓하면서 이혼하기로 결정했다. 두 사람 모두 자신이 변화를 일으킬 수 있는 힘 있는 존재임을 모른 채 그저 상대에게 희생당했다고만 생각했다.

안전하고 따뜻한 관계를 만들고 누리려면 두려움이라는 감정을 통제해야 한다. 두려움을 제대로 통제하지 못하는 상대와 관계를 맺고 있다면 어떻게 자신을 보호할지, 어떻게 두려움을 통제할지 알아야 한다.

두려움에 온통 사로잡히다

친구와 기분 좋게 식사를 마친 후 집에 돌아와 대문을 열려는 순간을 상상해보라. 안정감을 느끼고 있으므로 부교감신경계가 작동하는 상태이다. 부교감신경계는 기분을 안정시키고 신체 각 부분이 정상적으로 작동하도록 해준다. 이때 혈액은 음식을 소화시키고 호흡은 규칙적이다.

그런데 현관문을 열어보니 누군가 어둠 속에서 나에게 돌진한다. 이렇게 되면 펄쩍 뛰어 뒤로 물러서든지 아니면 침입자에게 덤벼들든지 할 것이다. '도망치기'와 '싸우기' 사이의 선택은 생존의 문제이므로 생각할 시간조차 없이 일어난다. 신경계에 새겨진 대로 반응하기 때문에 신속하다.

공격과 스트레스에 반응하는 곳은 자율신경계이다. 우리의 신경계는 두 개의 스위치라고 볼 수 있다. 한 스위치가 켜지면 나머지 하나는 꺼진다. 안정상태라면 부교감신경계가 켜진다. 반면 공격받거나 스트레스가

심하면 우리 몸은 부교감신경계를 끄고 자율신경계 스위치를 켜게 된다. 자동반응이므로 의사결정은 필요 없다. 전광석화처럼 호르몬이 배출되면서 신체 내부의 화학적 구성이 바뀐다. 더 많은 산소를 신속히 빨아들이기 위해 호흡이 거칠어진다. 심장박동이 증가하고 혈압도 올라간다. 도망치거나 맞서 싸울 능력을 확보하기 위해 혈액 흐름도 바뀐다. 주로 소화기로 가던 혈액이 신경계와 골격, 근육으로 향한다. 음식 소화가 중단되고 신체조직과 지방을 태우기 시작한다. 신체 전체가 적절한 반응을 준비하며 힘을 모은다. 그러나 위험이 지나가면 다시 부교감신경계가 통제권을 되찾는다. 혈액은 위장으로 가서 소화 작용을 계속하고 혈압과 심박동 수는 정상치를 찾아간다.

하지만 두려움을 제대로 통제하지 못하면 '도망치기 혹은 싸우기' 상태가 지속된다. 그러면 만성 소화불량에 걸리고 신체조직이 손상된다. 호흡, 심박동, 혈압이 높아진다. 질병에서 우리를 지켜주는 면역계가 약해지면서 위궤양, 심장병, 두통, 암 등이 발병한다. 두려움을 제대로 통제하지 못함으로써 두려운 대상뿐 아니라 신체까지도 우리에게 위협을 가하는 것이다.

'도망치기 혹은 싸우기' 반응을 효과적으로 통제한다면 두려움도 관리가 가능하다. 이 능력으로 목숨까지 구할 수 있다.

잘못된 '싸우기' 반응: 힐책과 비난

싸우기 반응은 경계를 지키기 위해, 경계를 침범한 사람에게 책임을 묻기 위해 일어난다. 하지만 자기 힘에 확신이 없다면 힐책과 비난만 일삼는 잘못된 싸우기 반응을 보일 수 있다.

비난은 세 가지 특징을 갖는다.

첫째, 구체화되지 않은 책임 추궁이다. "당신은 늘 나를 맥 빠지게 해" "널 믿지 말았어야 했어" 등이 그 예이다.

둘째, 상대가 입힌 부정적인 영향을 과장한다. "내 인생은 너 때문에 완전히 망쳐졌어!" "당신이 한 짓에서 난 평생 벗어나지 못할 거예요" 라고 말하는 것이다.

셋째, 화해의 여지가 거의 없다. "절대로 용서하지 않을 거예요" "네가 끼친 피해는 어떻게 해도 보상할 수 없어"라고 말하는데 어떤 화해가 가능하겠는가?

글로리아는 어려운 일이 닥칠 때마다 누군가 비난할 사람을 찾아내 싸웠다. 어린 시절의 두려움은 나약한 어머니, 못된 계부를 비난하는 것으로 이겨냈다. 어머니처럼 나약해지지는 않겠다고 스스로 다짐하면서 힘을 느끼기도 했다. 또 두려움을 드러내지 않는 자신이 용감하다고 여겼다. 실패한 결혼, 딸들에 대한 의견충돌 등에서도 남편을 비난했다. 두려움에 눈이 먼 나머지 자기 행동이 주변 사람에게 어떤 영향을 미치는지 돌아보지 못했다. 습관적으로 힐책하고 비난을 퍼붓는 게 결국 자신을 더 많이 파괴한다는 점도 깨닫지 못했다.

비난은 피해자 덫에 걸린 사람들의 공통적인 특징이다.

짐은 아버지가 미웠다. 특히 아버지가 술을 마실 때는 더했다. 아버지의 수입이 변변치 않은 탓에 그는 고등학교를 중퇴하고 일을 해 어머니와 여동생을 먹여 살려야 했다. 짐은 친구들처럼 대학에 가지 못한 자기 처지가 한탄스러웠다. 아버지가 금주 치료를 받고 회복되자 짐의 미움은 한층 더 커져 아버지에게 고함을 쳐댔다.

"아버지가 내 인생을 망쳤어요! 제대로 된 아버지만 있었더라도 전 지금과는 전혀 다른 사람이 되었을 거라고요!"

타냐는 살을 빼라고 잔소리하는 어머니에게 화가 났다.

"그만 괴롭히세요, 엄마! 지금 내가 이렇게 된 것은 다 엄마 잘못이에요. 에드 삼촌에게서 보호해주기만 했더라도 이런 문제는 없었을 테니까요!"

어떻게도 부정하지 못할 나쁜 결과가 일어났다면 누구든 상처를 받는다. 짐은 친구들처럼 대학에 갈 수 없었다. 타냐는 어린 시절 성추행을 당해 그 고통이 섭식장애로 나타났다. 하지만 문제는 이 두 사람이 싸우기 반응을 잘못 통제하여 남을 비난만 함으로써 자기 자신을 무력하게 만들었다는 데 있다.

제대로 통제된 싸우기 반응이라면 상처 입힌 가해자에게 책임을 지운다. 그러자면 먼저 일어났던 상황과 그 상황이 자신에게 미친 영향을 분명하게 기록해야 한다.

"아버지의 알코올 중독 때문에 저는 고등학교를 졸업할 기회를 잃었어요."

"어렸을 때 성추행을 당해 공허감을 느끼게 되었어요."

이렇게 대상을 확실하게 밝히는 것이다. 그래야 실질적인 해결방법까지도 세울 수 있다. 예를 들어 짐은 아버지의 도움을 받아 늦게나마 대학에 진학할 수 있을 것이고, 타냐는 어머니에게 비용을 부담하도록 하고 상담치료와 섭식치료를 받을 수 있을 것이다.

하지만 짐과 타냐는 모두 무력감에 싸여 두려움을 제대로 통제하지 못했다. 두려움에 압도되어 노력해봤자 소용없다고 체념해버렸다.

비난은 우리를 위험에서 보호하는 한 방편이 될 수도 있지만 효율성이 지극히 낮다. 실제 상처에 더해 스스로 만들어낸 무력한 자기 모습에서도 상처를 받기 때문이다. 결국 의도와는 다르게 남에게 내 힘을 넘겨주게 된다. 자신에 대한, 자기 능력에 대한 확신을 잃어버리고 매일 밤낮으로 두려운 삶을 살게 된다. 강하게 자신 있게 행동하는 척 위장해도 그 속은 무력감, 좌절감, 후회로 가득차 있다.

무력감에 바탕을 둔 '도망치기' 반응: 침묵과 거부

피해를 입지 않도록 거리를 두는 것은 효과적이고 적절한 대처전략이 될 수 있다. 하지만 도망치기 충동이 무력감에 바탕을 두고 있다면 자칫 더 큰 위험에 빠질지도 모른다. 무조건 위험에서 멀어지는 데만 급급한 탓에 대니의 경우처럼 한층 큰 문제에 봉착하기 때문이다.

대니는 그저 글로리아를 피하는 식으로 잘못된 도망치기 반응을 보였다. 글로리아의 비난을 듣지 않으면 문제가 사라진다고 기대했던 것이다. 처음에는 침묵과 거부로 일관하다가 다음에는 차고와 사무실로 도망쳤고 마침내는 따로 아파트까지 얻었다. 글로리아는 전화기에 대고 고함을 질러대며 대니의 도피를 방해했다. 딸들을 만나러 온 대니에게 불평을 퍼붓기도 하고 양육 책임을 더 많이 져야 한다며 법정에 끌고 가기도 했다.

대니는 겉으로 인정하지는 않았지만 자신이 두려워한다는 점을 알고 있었다. 아내의 비난이 진실일지 모른다는 두려움으로 밤에도 잠을 이루지 못했다. 글로리아처럼 대니도 비난게임을 했지만 비난의 대상이 자기 자신이라는 점이 달랐다.

자기비난은 상대방 비난보다 전혀 나은 점이 없다. '누구를 비난할 것인가?'가 아니라 '누가 책임을 져야 하고 어떻게 변화시켜야 할 것인가?'가 핵심이다. 두려움을 통제하지 못하는 사람들이 대부분 그렇듯 대니도 어떻게 스스로 책임을 지고 상황을 변화시킬지 알지 못했다. 자기가 두려움 때문에 숨었다는 점을 이해하고 문제에 맞설 더 나은 방법을 찾는 대신 대니는 도망치기로 일관했다.

아파트를 얻어 나온 대니는 독립을 향해 나아간 것이 아니라 대면하기 싫은 스스로의 감정으로부터 도피했을 뿐이었다. 결국 도망치기라는 보호막이 그를 격리시키는 감옥이 되어버리는 비극적인 상황이 빚어졌다. 아내에게 감정적인 거리를 두고 자신과의 대면조차 거부하자 이제 두려움을 떨치기 위해 아무에게도 도움을 요청할 수 없는 처지가 되었기 때문이다. 두려움을 제대로 통제하지 못하는 사람들은 어떤 대가를 치르든 평화로운 관계를 맺으려 하지만, 궁극적으로 두려움을 인정하고 해결하여 진정한 평화에 도달할 수는 없게 되어버린다.

제대로 된 싸우기와 도망치기 방법을 익혀라

현재의 삶이 너무 절망적일 때 두려움은 우리를 과거에 가둬버린다. 이는 다음 세 가지 형태로 나타난다.

첫째, 과거를 이상화하고 현재는 절대 과거처럼 될 수 없다고 믿는다

대니도 가끔 이런 덫에 빠졌다. 글로리아와 만나기 전에 데이트하던 여자들을 떠올리며 그중 한 명과 결혼했다면 어떻게 되었을지 상상했던 것이다. 특히 늘 자기를 존중해주고 한 번도 싸운 적이 없는 여성을 떠올리며 그녀와의 이별을 후회했다. 데이트는 결혼생활과 전혀 다르다는 점은 망각한 채 그저 '그런 훌륭한 여자를 놓치고 대신 글로리아와 결혼해 인생을 망친 거야'라고 생각했다.

둘째, 과거의 상처를 바탕으로 자기를 정의한다

어린 시절의 상처를 바탕으로 글로리아는 절대 어머니처럼 남자에게 버림받는 여자는 되지 않겠다고 결심했다. 하지만 어느새 자신이 과거에 미워하던 바로 그런 존재, 남자와 진정으로 친밀해지지 못하는 여자가 되어버렸다는 사실은 깨닫지 못했다. 글로리아는 수십 년 전에 일어났던 사건을 기준으로 자기를 정의했다. 현재의 새로운 관계는 보지 않고 말이다.

셋째, 두려움을 통제하는 새로운 방법을 거부한다

대니와 글로리아도 그랬다. 두 사람이 두려움을 다루는 방식은 고정되어 있었다. 어느 쪽도 자기 방식을 바꾸려들지 않았다. 대니는 늘 도망쳤고 글로리아는 늘 공격했다. 과거에 붙잡힌 입장에서는 어린 시절부터 학습해온 전략을 사용하는 것 외에 다른 방법이 없다. 비용이나 피해가 얼마나 크든 상관없이 말이다.

대니는 걸핏하면 분노를 터뜨리고 그를 휘두르려고 하는 어머니 아래에서 자랐다. 아무 힘도 없는 어린아이였던 대니는 도망치거나 숨어들 수밖에 없었다. 어른이 된 후에도 다른 방법으로 두려움을 통제할 엄두를 내지 못했다. 글로리아는 남자 앞에서 비겁하게 구는 어머니를 증오하며 자랐다. 자신은 맞서 싸우겠다고 결심했기에 자주 고함을 지르게 된다 해도 남자에게 지지만 않으면 괜찮았다. 결국 글로리아는 한 발짝 비켜날 능력을 얻지 못했다. 도망치기는 곧 패배라는 것이 글로리아의 생각이었다.

글로리아와 대니 같은 사람들은 가진 힘을 절반만 사용함으로써 자신을 더 큰 위험에 빠뜨린다. 두려움에 대처하는 방법은 대부분 어린 시절에 학습된다. 의식적으로든 무의식적으로든 자신을 무력하다고 정의하는 이들은 어린 시절에 학대를 당했고 결국 스스로 돌보는 법을 익히지 못한 경우가 대부분이다. 이런 사람들이 과거에서 벗어나 더 안전한 미래로 나아가려면 자기보호 기법을 익혀야 한다. 싸우는 방법과 도망치는 방법 모두를 익히고 언제 어떻게 해야 할지 아는 지혜를 가져야 한다.

두려움에 빠진 사람은
잔혹해질 수 있음을 명심하라

대니와 글로리아의 경우에서 보듯 사람들은 그저 자신을 보호한다고 생각하며 상대방에게 끔찍한 피해를 주곤 한다.

글로리아는 자기 행동이 남편이나 딸들에게 얼마나 큰 고통을 안겨주는지 알지 못했다. 그녀가 생각하기에 남편을 비난하는 것은 문제를 바로잡기 위한 정당한 행동이었다. 두려울 때면 필사적으로 무슨 일인가를 해야 했는데 그게 바로 비난이었다. 자기 행동이 상황을 개선시키는지는 알 수 없었다. 다만 중요한 것은 어머니처럼 수동적으로 살지 않는 데 있었다. 글로리아의 공격성은 남편이 안겨준 상처와 실망으로 정당화되는 듯 보였다. 물론 남편의 침묵이나 굳은 표정은 글로리아에게 깊은 상처를 입혔다. 남편이 따뜻하게 대해줄 것이라는 희망은 이미 버린 지 오래였다.

대니 역시 자기 행동이 잔혹하다는 것을 몰랐다. 고함을 지르거나 날뛰고 위협하지 않으니 아내보다 낫다고, 나쁜 행동은 하나도 없다고 여겼다. 아내가 아무리 자존심을 건드려도 '비폭력적으로' 반응하는 자신에게 자부심도 느꼈다. 하지만 거부의 영향력을 과소평가함으로써 그것이 가족에게 얼마나 파괴적인지 인식하지 못했다.

싸우기 혹은 도망치기 반응을 제대로 통제하지 못하는 일이 반복되면 결국 위험한 존재가 되고 만다. 가능한 모든 수단을 동원해 자신을 보호해야 한다고 느끼기 때문이다. 자신이 무력하다고 믿는 한 자기 힘을 찾지 못하고 남에게 상처를 입힌다는 것도 알지 못한다. 버트런드 러셀 (Bertrand Russell)이 말했듯 '두려움은 미신의 원천이자 잔혹함의 원천이다.'

역사적으로 보아도 두려움에 빠진 사람들이 가장 잔혹했다. 나치는 두려움에 차서 위협이 된다고 생각한 유대인을 수백만 명이나 학살했다. 도시 범죄율이 높아지면서 두려움을 느낀 미국인들은 보복으로 반응하고 있다. 그 결과 점점 더 많은 미국인들이 다른 미국인의 손에 죽임을 당한다. 두려움이 통제되지 못할 때 얼마나 큰 피해가 생기는지 전 국가적으로 경험하는 셈이다. 악이 악과 부딪치면 선이 나올 수 없고 상처 준 상대를 괴롭히는 것으로 무승부가 이루어질 수 없다는 것을 잊고 만다. 그리하여 피해자 덫에 걸리고 더 많은 고통, 불필요한 괴로움에 시달린다.

왜 모든 관계에서 두려움을 느끼는가

통제되지 못한 두려움에서 자신을 보호하려면 그 아래에 어떤 무의식적인 힘이 작동하는지를 알아야 한다.

■■■ 사례 1

톰은 직장상사인 수잔을 처음 만났을 때부터 주눅이 들었다. 어느 날 수잔이 할 이야기가 있다고 하자 톰의 마음은 두려움으로 가득찼다.

'분명 나한테 화를 낼 거야. 하지만 난 아무 잘못이 없는걸! 대체 왜 이런 일이 생기는 거지?'

수잔 앞에 갔을 때 톰은 벌써 얼굴이 붉게 상기되었고 두 주먹을 쥔 채 싸울 태세였다.

"그래, 달린을 만나보니 어땠어?"

샌디는 오빠 라일이 첫 데이트를 마치고 돌아오자 물어보았다. 달린은 샌디가 오빠에게 소개시켜 준 키 크고 미인인 친구였다. 하지만 라일은 들뜨기는커녕 두려웠다. 자기는 마음에 들었는데 달린이 샌디에게 시큰둥한 대답을 한다면 어떻게 할 것인가? 홀딱 빠졌다가 혹시라도 전 여자친구에게 당했듯 보기 좋게 차이는 건 아닐까? 라일은 목청을 가다듬고 말했다.

"괜찮았어. 다시 한 번 만나자는 얘기는 해보겠지만 사실 내 타입은 아니야."

톰과 라일처럼 두려움을 제대로 통제하지 못하는 사람은 과잉반응을 보이곤 한다. 무의식적인 생각이나 감정이 앞서가기 때문이다. 그 무의식 속의 기억, 감정, 요구를 보여주는 단서가 잡힐 때도 간혹 있지만 대부분의 경우는 명확하지 않다. 그것들을 끌어내려면 엄청난 노력이 필요한데 피해자 덫에 갇힌 사람들은 그런 노력을 하려들지 않는다.

두려움을 통제하려면 '이 감정 아래 숨은 감정은 무엇인가?'라는 질문을 던져야 한다. 두려움 아래에는 그 어떤 감정도 숨을 수 있지만 대개는 유약함, 친밀감 갈구라는 감정이 깔려 있다.

무의식적으로 자신이 유약하다고 느낄 때 우리는 두려움에 시달린다. 하지만 유약하게 느끼는 이유를 찾아내기보다는 재빨리 감춰버리는 데 급급하다. 그 결과 유약함이 우리 삶에 미치는 영향을 이해하지 못하고 만다.

어머니의 자궁에서부터 시작해 우리는 약한 모습을 드러내며 보살핌을 받는다. 태어나서는 돌봐주는 사람에게 신체적·정서적으로 의존한다. 이런 식으로 다른 사람과 관계 맺기는 성장에 필수적이고, 심지어 어른이 된 다음에도 평생 필요하다. 건강한 유대관계에서 우리는 진정 이해받는다고 느끼고 깊은 내면의 욕구를 충족시킬 수 있다.

실제로 친밀감은 사람들이 서로 유약할 때에만 충족된다. 친밀한 관계를 맺기 위해서는 유약함을 받아들여야 한다. 이런 건강한 유약함은 개인의 힘을 인식한 상태에서만 나타난다.

이것은 좋은 소식이기도 하고 나쁜 소식이기도 하다. 인간관계에서 성장의 기회가 주어지고 원하는 모습으로 발전해갈 수 있다는 점은 좋은 소식이다. 특정 상대에게 유약함을 인정함으로써 우리는 오히려 강하고 건강한 인간으로, 삶을 최대한 사랑하고 즐기는 존재로 성장하는 것이다.

나쁜 소식은 이 때문에 상처 입을 가능성도 커진다는 점이다. 치유와 관계 맺기를 갈구하면서도 남들이 내게 입힐지 모르는 피해는 본능적으로 두려워한다. 하지만 하나로 연결되려면 유약해야 한다는 점을 기억하라. 우리의 아주 깊은 내면에까지 영향을 미칠 수 있도록 상대를 신뢰하는 일은 결코 쉽지 않지만 말이다.

유약함은 자기 힘이 없다고 느끼는 사람에게는 너무도 위험하게 보인다. 상호의존적인 인간관계에서 학대를 막기에는 힘이 부족하다고 여기기도 한다. 그 결과 유약함이 느껴지면 무조건 두려워지게끔 학습하고 만다. 결국 의존감이나 유약함을 자극하는 관계는 평생 피하며 살아가게 된다.

문제는 유약함과 나약함을 혼동한다는 데 있다. 나약함은 남들이 주는 상처 때문에 무너져버린다는 뜻이다. 상처를 입고 나면 힘이 하나도 남지 않게 되어버리는 것이다. 하지만 유약함은 선택이다. 관계를 발전시키기 위해 상대에게 내 약한 내면까지 드러내겠다는 신뢰이다. 하지만 약한 모습을 보이는 것이 곧 상처받는 것과 동일하다고 믿는다면 피해자 덫에 갇히고 이때의 유약함은 나약함과 동일어가 된다. 자기 힘을 발휘해 상처에 반응하거나 이겨내기란 불가능하다고 믿어버리는 것이다.

유약함을 개방성과 혼동하는 경우도 있다. 『웹스터 사전』은 개방성을 '폐쇄되거나 경계 짓지 않은 것, 통과하여 지나가도록 하는 것, 장애물 없이 탁 트인 것'이라고 정의하고 있다. 개방적인 사람들은 자신과 남들에 대해 상대적으로 자유롭게 이야기한다. 그 삶에서 일어나는 일들은 우리 모두와 공유된다.

글로리아는 개방적이었지만 유약하지 않았다. 남자에 대한 생각, 이혼 과정, 대니의 행동 등은 모두 털어놓고 이야기했다. 자신을 상처받는 위치에 놓지 않는 한 무엇이든 공개할 수 있었다. 과거의 삶에 대해서도 개방적이었지만 유약한 감정은 털어놓지 않았다. 글로리아의 개방성은 자신을 실제와 다르게 보이도록 만드는 장식이었다.

두려움을 통제하지 못하는 사람들이 험담 이야기를 좋아하는 이유도 여기 있다. 남들과 친밀하다는 환상을 심어주기 때문이다. 글로리아는 친구들에게 남편 험담을 하면서 특별한 유대감을 느꼈다. 하지만 자신의 유약함보다는 일어났던 사실(글로리아 자신은 '진실'이라고 부른)만 털어놓았기에 유대감은 표면적인 데 머물렀다. 이런 거짓유대는 인간관계를 성장시키지 못한다.

두려움을 제대로 통제하지 못하게 되는 또 다른 상황은 유약함이 '이용당하기'와 동일시되는 때이다. 남을 이용하는 이들은 다른 사람의 성공을 자기 것인 양 느끼고 자신의 역할을 강조한다. 이런 사람들은 자기가 없었다면 그 무엇도 불가능했다고 믿으며 자녀나 배우자, 친구의 지혜, 야망, 외모 등을 마치 자기가 얻은 훈장인 양 자랑스럽게 떠들어댄다. 남들은 인형이나 장난감처럼 그저 자신의 즐거움을 위해 존재할 뿐이다. 이런 관계에서 칭찬은 폐쇄적이고 공허하다. 이런 관계에 놓인 사람은 이용당했다는 감정과 유약함을 함께 느낀다. 자기중심적인 부모 밑에서 성장한 아이는 스스로를 무력하게 보며 동시에 진정한 친밀감을 두려워하게 된다.

진심으로 나를 배려하는 사람은 없다고 체념하며 두려움에 빠지는 이유는 명백하다. 과거에 이용당하고 무시당했다면 스스로가 중요하지 않다고 느끼고 피해자 덫에 걸리게 된다. 그러면 유약함을 거부하게 돼 건강한 친밀감, 과거의 모든 상처를 치유할 수 있는 사랑의 관계를 만들 가능성을 스스로 박탈하는 것이다.

상처 주고 싶어 하는 사람은 없다

　작정하고 남에게 상처 주고 싶어 하는 사람은 없다. 상처를 주는 상황을 명확히 판단하고 최선의 반응을 보일 능력이 손상되었을 뿐이다. 피해자 의식에 빠졌다고 판단되는 사람, 예의바르게 행동하지만 두려움에 차 있는 사람은 의도치 않았던 위험을 만들 수 있다. 솔직한 모습으로 인간관계를 맺어야 한다는 것이 원칙이기는 하지만 상대가 두려움을 제대로 통제하지 못하는 상황이라면 자기보호가 우선이다. 자기 힘과 두려움을 통제하지 못하는 사람에게 함부로 유약함을 드러냈다가는 고통받을 가능성이 크다.

　공감 역시 그렇다. 이용당했던 경험 때문에 두려움에 질린 사람에게는 자칫 공감 표시가 위험할 수 있다. 자신을 무력하다고 생각하는 사람은 남이 자기보다 훨씬 힘이 세다고 믿는다. 아무런 위험이나 위협을 받지 않아도 무의식적으로 누구든 강하게 보고 위험하게 여긴다. 이때는 자기를 보호하려는 욕구가 지나치게 높아 오히려 상대에게 상처를 줄 수 있다. 두려움에 찬 사람은 자기 힘을 과소평가하기 때문에 더 위험하다. 마치 우리에 갇힌 동물인 양 위험이 감지되면 본능적으로 싸우기 혹은 도망치기 반응에 의존한다. 상대가 '위협'으로 인식된다면 곧바로 두려움 반응이 나타난다.

이런 이들은 남들과 가까워지고 싶어 끌어당기면서도 동시에 거부한다.

누구나 두려움에 떠는 사람을 보면 자연스럽게 보호하고 편안하게 만들어주고 싶어진다. 천둥소리에 놀라 우는 아이를 껴안아주고, 조직 검사 결과 통보를 앞둔 친구를 위로해준다. 사랑하는 이를 위해 목숨을 걸기까지 한다. 그런데 일시적으로 위기를 겪는 사람과 만성적으로 두려움을 느끼는 사람은 어떻게 구별할까? 이 구별은 쉽지 않지만 매우 중요하다. 위기에 처한 사람을 위로하고 보호하는 것은 적절한 행동이지만 두려움을 통제하지 못하는 사람에게서는 스스로를 보호해야 하기 때문이다.

■ ■ ■ 사례 1

벤은 새 직장동료인 피터를 처음부터 좋아했다. 피터는 이혼 후 멀리 전근을 온 상황이었다. 피터는 새로운 곳에서 새 출발을 하고 싶다고 했다.

벤은 아내 애니에게 피터 이야기를 했다. 늘 자신 없는 표정에 슬픈 눈빛을 하고 있다는 동료 이야기를 들은 애니는 피터를 저녁식사에 초대했다. 독신인 자기 친구들을 소개해도 될지 확인할 생각이었다.

피터는 점잖게 행동했지만 낯선 곳에서 아는 사람도 없이 지내는 것이 참으로 힘들다고 하소연했다. 또 집에 가구를 들여놓아야 하는데 어디로 사러 가야 할지도 모르겠다고 했다. 피터를 불쌍하게 여긴 애니는 몇 차례 주말 시간을 내서 함께 가구를 보러 다녔고 동네도 구경시켜 주었다. 자기 친구들을 소개하고 집에 행사가 있을 때마다 초대했다.

하지만 몇 달이 흘러도 피터는 두려운 눈빛을 떨쳐내지 못했고 친구도 사귀지 않았다. 대신 애니에게 집착했다. 끊임없이 문제를 만들어내 애니에게 도움을 요청했다. 애니는 화가 났지만 곧 적응하겠거니 생각하며 애써 마음을 달랬다.

피터는 애니의 자동차에 쪽지를 끼워넣거나 사무실로 꽃다발을 보내기 시작했다. 남편에게 쓸데없는 걱정을 끼치게 될까 봐 애니는 이런 일을 제대로 털어놓지 못했다. 결국 어느 날 벤이 아내 차에 있던 피터의 쪽지를 읽게 되었고 아내가 불륜을 저질렀다고 몰아세웠다. 두려움에 찬 사람을 도우려 했던 일이 결국 결혼생활에 위협을 가하게 되었다.

피터가 이혼, 전근, 이사 등의 문제로 일시적인 두려움을 느끼는 것인지, 아니면 무력감에 싸여 만성적으로 두려워하며 남의 도움을 요구하는 것인지 벤과 애니가 어떻게 구별해야 했을까?

솔직히 말해 구별은 어렵다. 더욱이 피해자 덫에 걸린 사람도 처음 보기엔 지극히 정상적이다. 특별히 매력적일 수도 있다. 알 수 없는 매력에 끌려 도움을 주어야겠다는 생각까지 갖게 만든다. 더군다나 남에게 필요한 사람이 되고 싶다는 욕구가 있다면 이런 부류의 손쉬운 목표물이 된다.

주변의 누군가가 두려움을 제대로 통제하지 못한다면 먼저 두려움과 대면하도록 도와라. 사실 두려움을 느끼지 못하는 사람은 세상에 아무도 없다. 제대로 통제되는 두려움은 삶의 동반자다. 다음의 세 가지를 기억하라.

① **두려움은 위험에 대한 자연스런 반응이다**: 잠재적으로 위험한 대상과 마주칠 때 우리는 두려움을 느낀다. 두려움은 주의를 집중시키고 경고신호를 보낸다.

② **두려움은 교사다**: 두려움을 적이 아닌 교사로 생각하라. 두려움의 가르침을 받으면 같은 상황에 또다시 처하지 않게 된다. 이는 두려움의 피해자 덫에 걸렸을 때 특히 유용하다.

③ **두려움은 길잡이다**: 두려움에 적절히 반응하면 피해나 상처를 입지 않도록 스스로 보호할 수 있다. 두려움은 길잡이 역할을 해 위험하거나 쓸데없는 우회로를 헤매지 않도록 도와준다.

어느 사회에서든 가장 현명한 이는 인생에서 많은 고통을 겪은 사람이다. 두려움이 많은 사람 또한 여러 번 고통을 겪는다. 인간관계에서 두려움을 어떻게 관리할지, 적절한 유약함을 어떻게 유지해야 할지 학습하는 것은 힘을 기르고 피해자 덫에서 빠져나오기 위한 핵심이 된다.

피해자 덫에 갇힌 사람과 일시적인 위기에 처한 사람 구별하기

피해자 덫에 빠진 사람	일시적인 위기에 처한 사람
대화할 때마다 자신이 얼마나 불행한지 이야기한다	지금 상황이 얼마나 힘든지 하소연한다
매사에 의존적이고 도움을 줘도 달라지는 점이 없다	도움을 주고받으며 한층 더 성숙한 관계로 나아간다
위기가 계속 이어진다	일정 시점이 지나면 위기가 끝난다
위기 후 독립심을 회복하지 못한다	위기 때는 도움을 필요로 했지만 차차 자기 힘을 되찾는다
삶을 효율적으로 관리해본 적이 없다	지금은 무력한 상태지만 평상시에는 활동적이다

내 삶에 용기를 부여하라

두려움에 대한 단순한 해결책은 존재하지 않는다. 사실 해결책이라는 말보다는 '해독제'라는 은유적 표현이 더 적절하다. 해독제는 위험물질을 없애거나 사전에 나쁜 영향을 제거하지는 못하지만 독의 힘을 약하게 만든다. 두려움이라는 감정에 해결책은 없지만 해독제는 있다. 바로 '용기'다.

자신을 무력하다고 보는 사람은 스스로 용기가 없다고 느낀다. 하지만 우리 모두는 용기를 지니고 있다. '영웅이 평범한 사람보다 더 용감하지는 않다. 다만 5분 더 용감할 뿐이다'라고 한 랄프 왈도 에머슨(Ralph Waldo Emerson)의 말을 기억하라. 용기는 수많은 부정적인 요소에도 불구하고 인생을 긍정하는 것이다.

용기란 두려움이 없는 상태가 아니다. 어떤 상황에서든 두려움이 없다는 것은 용기가 아니라 어리석음이다. 통제된 두려움 또한 용기의 한 요소다. 두려움을 제대로 통제하지 못하는 사람을 만나면서 두려운 마음이 없다면 용기도 없는 셈이다.

예를 들어 벤과 애니는 피터와의 관계에서 선택을 할 수 있었다. 피터의 의존적 행동을 최소화시킴으로써 변화를 꾀한다든지 피터가 자신들에게 상처 입힌다는 점을 인정하는 등의 선택 말이다. 하지만 부부는 피터가 자신들의 결혼생활에 아무런 위협이 되지 않는 척했다. 이는 용기가 아니라 거부이다. 다시금 올바른 경계를 설정하고 보호할 용기를 내기 위해서는 피터의 요구가 지닌 실체와 대면하고 그것이 관계에 미칠 위험을 인정해야만 했다.

두려움을 통제하지 못하는 상대가 곁에 있다면 남들에게 도움을 요청할 용기도 필요하다. 용감한 사람들은 혼자 힘을 발휘하지 않는다. 홀로 전투에 나가 싸우거나 모두의 반대를 무릅쓰고 정의를 외치는 '용감한' 영웅 이야기는 책 속에 남겨두자. 용기는 아무도 가지 않는 길을 혼자 막무가내로 가는 것이 아니다. 우리는 남들과의 관계 속에서 용기를 배운다. 남을 위한 용기, 남에게서 얻은 용기, 남들 때문에 생긴 용기 등등. 자기보다 더 큰 가치나 목적을 위해 용기를 발휘하는 사람은 주변에 지원하고 독려하고 도와주는 사람을 두고 있다.

두려움을 통제하지 못하는 상대와 만나게 되면 제3자에게 도움을 요청해 자신의 힘을 회복하라. 친구와 만나거나 상담치료 예약을 잡아도 좋다. 집단상담에 참여하거나 무료 상담전화를 이용할 수도 있다. 감정과 두려움을 솔직하게 털어놓아라. 두려움이 무엇이며 어떻게 힘을 북돋을지 아는 사람이 주변에 많다는 점을 기억하라.

두려움과 대면하라

'눈에는 눈, 이에는 이'는 자연스러운 반응이다. 누군가 두려움을 안겨주었다면 똑같이 되갚아주고 싶으리라. 두려움을 통제하지 못하는 사람이 위협을 가했다면 자기 역시 똑같이 반응해도 좋다고 생각할지 모른다. 하지만 무력감에서 나온 두려움에 잘못 반응했다가는 오히려 피해자 덫에 걸려 더 큰 위험에 빠질 수 있다.

솔직하고 용감한 자기검증이 없다면 어린 시절부터 익숙한 방법으로 두려움을 다루게 된다. 효율적으로 대처하는 전략을 배웠다면 다행이지만 대부분의 경우 싸우기 혹은 도망치기 반응에 과도하게 의존할 가능성이 크다. 일단 '현재와 과거에 사용해온 전략이 얼마나 효과적이었는가?'라는 질문부터 던져봐라. 싸우거나 도망친 후에 안정감이 커졌는가, 아니면 작아졌는가? 자신감이 붙었는가, 오히려 줄어들었는가? 관계가 더욱 소중해졌는가? 두려움을 통제하지 못하는 사람과의 관계에서 자신을 보호하게 되었는가, 아니면 문제가 더욱 심각해졌는가?

두려움을 효과적으로 통제하려면 싸우기와 도망치기 모두에 능숙해져야 한다. 한쪽을 훨씬 많이 사용하고 있다면 다른 쪽 기법도 익혀라.

주로 싸워왔다면 보다 신중하게 물러섬으로써 긴장 상황을 누그러뜨려 보라. 때로는 침묵이 비난이나 위협에 최선의 반응이 된다. 늘 도망치는 유형이었다면 자기권리를 주장할 필요가 있다. 자기방어 훈련이나 대중 앞에서 말하기 훈련이 도움이 될 것이다. 자기입장을 견지하는 것은 자신을 보호하는 데 효과적인 방법이 된다. 자기보호를 위한 대안이 많을수록 안정성은 높아진다. 두려움을 딛고 자기를 보호할 수 있다면 두려움은 더 이상 끔찍한 감정이 아니라 고마운 친구가 된다.

싸우기 반응을 통제하라

먼저 스스로 주변 사람에게 영향을 미치는 힘 있는 존재라고 인식해야 한다. 상대가 행동에 책임을 지도록 하고, 자신 또한 책임을 지도록 두려움의 에너지를 활용하라.

남에게 책임을 지우려면 관계의 경계가 명확해야 한다. 자기가 느끼는 두려움을 신뢰하고 안정과 행복을 확보할 수 있는 경계를 설정하라. 상담 전문가, 친구, 종교인 등 도와줄 사람들의 목록을 만들어라. 어린 시절에 학대받거나 방치된 경험이 있다면 일상적으로 두려움을 느낄 수도 있다. 평생 단 한 번도 안전하다고 느낀 적이 없는 사람도 있다. 만약 그렇다면 이제 안정감을 강조하면서 두려움을 통제할 때다. 설정한 경계 안에 어떤 사람이 들어올 수 있는지, 어느 시간에 얼마나 오래 들어올 수 있는지를 정하라. 일정한 거리를 유지하고 전화통화를 제한해야 하는 상대, 직접 접촉은 아예 허용하지 않는 상대도 필요하다면 정해둬라.

경계가 침범당하면 먼저 어떻게 침범이 이루어졌는지 구체적으로 기술하라(정확히 무엇 때문에 두려운 마음이 들었는가). 다음으로는 그 침범 행동이 어떤 의미인지를 밝혀라(어떻게 상처를 받았는가). 마지막으로 어떤 단계를 거쳐 상황이 해결될지 설명하라(어떻게 그 관계가 복구될 수 있을까). 이때 '비난게임'이 되지 않도록 주의해야 한다. 남을 비난하지도 말고 남의 비난을 받아들이지도 마라. 누군가를 비난하는 데 익숙한 사회에서 이는 큰 도전이다. 그러나 비난한다고 해서 얻을 것은 하나도 없다. 오히려 비난은 자기가 가진 힘과 자기확신을 파괴해 더 큰 재앙을 낳는다.

마찬가지로 상처 준 사람을 위한 변명거리를 만들어내지 않는 것도 중요하다. 남편이 왜 그렇게 술을 많이 마시는지, 여동생이 왜 돈 문제를 떠맡기는지에 대해 변명을 찾지 마라. 배우자가 어린 시절의 성추행 경험 때문에 성적 관계에서 움츠러들 때 내가 느끼는 상처를 축소하지 마라. 느끼고 경험하는 바를 명확히 하되 그저 받아들이지도, 비난하지도 마라.

자신의 행동에 책임을 지고 남들에게도 책임을 지우는 것은 상대를 존중한다는 뜻이다. 무력감을 느끼던 상대는 이를 통해 치유를 경험하고 자기 힘을 깨닫는 새로운 기회를 얻을 것이다.

도망치기 반응을 통제하라

횡단보도를 건너는데 트럭이 돌진해 온다면 두려움을 활용해 트럭의 진로에서 벗어나야 한다. 상황을 새삼 확인할 필요도 없다. 시간을 끌다가는 치이고 만다. 길에서 벗어나는 것은 이처럼 효과적인 전략이 될 수 있다. 때로는 유일한 전략이기도 하다.

싸우기 반응과 마찬가지로 도망치기 반응에서도 자신과 주변 사람의 안전을 지키는 것이 중요하다. 위험한 지역이나 관계에서 빠져나오는 것은 두려움을 통제하는 가장 현명한 수단일 수 있다. 다음 사례를 보자.

■■ 사례 2

제리는 맛있는 저녁식사를 기대하면서 식당 주차장으로 들어섰다. 속도를 늦추고 자리를 찾는데 대여섯 명쯤 되는 청년들이 자기 차 쪽으로 몰려오는 것이 보였다. 주차를 하자마자 덤벼들어 강도짓을 할 심산이 분명했다. 심장이 뛰었다. 그는 액셀 페달을 힘껏 밟아 주차장을 빠져나왔다. 청년들이 멀어져 보이지 않을 때에야 심장박동이 진정되었다.

■■ 사례 3

린다는 춤추는 것을 좋아해 종종 혼자서 댄스클럽을 찾곤 했다. 그곳에서 일하는 사람들과 안면이 있어 마음도 편했다. 어느 날 밤 잘생긴 남자가 함께 춤추자고 청했을 때 처음에는 그 씩씩한 모습이 마음에 들었다. 하지만 언쟁이 시작되자 남자는 린다의 팔을 꽉 움켜잡았다. 린다는 다른 팔을 휘저으며 경비원에게 도움을 청했고 다행히 남자의 손아귀에서 빠져나올 수 있었다. 린다는 바로 사람들 틈으로 숨었고 직원에게 차까지 데려다달라고 부탁했다.

위의 사례에서 위험에서 비켜나는 것은 효과적이었다. 하지만 도망치기 전략을 사용하는 것과 단순히 내빼는 것의 차이는 무엇일까? 그 답은 자기 힘을 어떻게 통제하느냐에 달려 있다.

위험에 맞서 도망치기를 선택할 경우 동기부터 살펴봐라. 피해를 최소화하면서 상황에 제대로 대처하기 위함인가? 책임을 회피하려는 것인가? 위협하는 상대와는 어떤 관계인가? 낯선 사람인가, 아니면 계속 만나왔던 사람인가? 계속 만나왔던 사람과의 관계라면 대개 싸우기 반응을 통제하는 것이 더 쉽다.

인간관계의 상호작용은 복잡하기 때문에 싸우기와 도망치기 반응을 적절히 섞는 것이 최선인 상황도 있다. 위의 예에서 제리는 경찰에 전화를 거는 방법을 택할 수도 있었다. 린다는 혼자 춤추러 가는 것이 생각만큼 안전하지 않다고 판단해 다음부터는 친구들과 함께 갈 수 있다. 가진 힘을 제대로 활용하려면 한 발짝 물러서는 것과 적절하게 상황에 개입하는 게 중요하다. 도망치기 반응으로만 두려움을 통제하려든다면 결국 무력감을 느끼게 된다.

두려움을 효과적으로 통제하는 길은 결국 선택이다. 비켜나는 것이 더 좋은 상황도 있고 당당히 맞서야 자기보호가 가능한 상황도 있다. 모든 상황에 들어맞는 답안은 없다. 동일한 위험에 두 차례 마주쳤을 때 처음에는 싸우기로, 그다음은 도망치기로 반응해야 효과적인 자기보호가 가능할 수도 있다. 어떤 전략을 쓰든 다음 질문을 꼭 먼저 해봐라.

"남에게 불필요한 피해를 입히지 않고 자신을 방어했는가, 두려움을 잘 통제했는가?"

● ● 현재 기분 파악하기

현재의 기분에 가만히 귀 기울여보라. 의식적인 느낌부터 더듬으며 느낌 하나하나에 이름을 붙여라. 하루에 몇 번씩 이 연습을 반복하라. '지금 어떤 느낌인가?'라는 질문을 계속 던져보는 것이다. 하던 일을 멈출 필요는 없다. 남이 눈치채도록 하지도 마라. 감정과 기분에 주의를 기울이면 과거의 경험에 대해 좀 더 알 수 있다.

매일 감정일기를 쓰는 것도 유용하다. 열린 마음으로, 아무런 평가나 판단 없이 하루를 되돌아보는 시간을 가져라. 일어났던 일보다는 감정에 초점을 맞춰라. 충분한 주의를 기울이면 감정에 끌려다니는 대신 통제할 수 있다. 감정이 자신에게 미치는 영향을 잘 알 수 있기 때문이다. 자기 감정에 대해 많이 알수록 더 힘 있는 삶을 살 수 있다.

● ● 무의식까지 내려가기

두려움은 잊혀 사라지는 법이 없다. 현재 큰 두려움을 느낀다면 혹시 과거의 무언가와 연결되지는 않는지 알아볼 필요가 있다. 과거의 두려운 경험을 떠올리는 것은 상황을 나쁘게만 만든다고 생각해 거부하는 사람도 있다. 하지만 그러다가는 두려움에 대한 두려움이 점점 커져 일상에서 통제하기 힘든 지경에 이르고 만다. 두려움에 대한 두려움은 대개의 경우 본래 두려워했던 대상보다 훨씬 더 파괴적이다.

● ● 내 태도 결정하기

두려움을 인식했다면 중요한 걸음을 내디딘 셈이다. 이제 그 두려움을 의식적으로 드러내 분명히 하겠다고 결심해야 한다. 무엇이 두려움을 느끼게 하는지 상황과 사람에 정면으로 부딪쳐라.

● ● 상대에게 책임 묻기

비난은 무력감과 피해자 의식만 강화할 뿐이다. 반대로 상처 준 상대에게 책임을 묻는 것은 당신의 힘을 더해준다. 책임을 묻기 위해서는 경계를 설정하고 감정을 확실하게 표현하며 편안하게 거절할 줄 알아야 한다. 폭력은 반드시 중단시켜야 한다.

● ● 내 책임 인정하기

책임을 인정한다는 건 '나는 어째서 이런 실수를 저질렀을까?'라고 질문하는 것과는 전혀 다르다. 자기비난은 무익한 짓이다. 비난은 탐색 과정을 중단시키지만 책임 규명은 그 과정을 확장한다. 자기 책임을 밝히게 되면 어떤 행동을 취해야 하는지 알 수 있다. 남에게 불가능한 일을 기대하지도 않게 된다. 삶에서 만나는 사람 한 명 한 명에 대해 어느 정도 친밀감을 유지할지와 이를 위한 자기 역할을 결정하라.

●● 한 발 나아가기

무력함을 이겨내려면 새로운 앎에 적극적이어야 한다. 앎은 곧 힘이기 때문이다. 어떤 두려움이든 무언가 배울 점은 있다. 두려움과 대면하면 진실을 학습할 수 있다. 각 상황에서 배울 점이 무엇인지 스스로 물어보는 태도를 길러라.

●● 내 힘 되찾기

당신에게는 분명 힘이 있다. 두려울 때 자기 힘을 과소평가하다 보면 심술궂거나 심지어는 사악해질 수 있다. 자기 행동이 남들에게 주는 영향력을 생각해보고 그 영향력이 극히 미미하다고 우기지 마라. 두려움 때문에 스스로를 작게 느낀다고 해서 그 행동의 영향력 또한 작아지는 것은 아니다. 인식하든 못하든 당신은 남들의 삶에 힘을 작용한다. 당신은 상황을 바꿀 수 있다.

●● 관계 재정립하기

고통스러운 관계를 끝내겠다는 환상에 매달리기보다는 관계를 재정립하면서 통제력을 유지하도록 하라. 언제 또다시 희생자가 될지 모른다는 두려움에서 벗어나려면 관계의 원칙을 만들어 지켜야 한다. 상대가 당신의 삶에 얼마나 개입되기를 바라는가? 혼자서는 버거운 상대인가? 상대와 단 둘만의 시간을 보내지 않음으로써 관계를 재정립하기로 결정했다면 이를 안전하고도 명확하게 전달할 방법은 무엇인가?

두려움을 낳는 관계가 과거의 것이고 더 이상은 상대와 만나지 않는 상황일 수도 있다. 그렇다고 해도 머릿속에서 관계를 재정립할 필요는 있다. 상대는 곁에 없고 어쩌면 이미 이 세상 사람이 아닐지도 모르지만 어떻든 당신은 정신적으로 여전히 그 관계를 유지하고 있으니 말이다. 그 관계를 재정립해야 무력감에서 벗어날 수 있다. 과거의 관계를 점검하는 것은 현재의 경계를 재정립하고 피해자 덫에서 벗어나기 위해 매우 중요하다.

제3장

두 번째 피해자 덫

분노

분노는 건설적이면서도 파괴적이다.
우리는 분노로 엄청난 에너지를 발생시켜 많은 일들을 이루어낼 수 있다.
분노를 쏟아내면서 카타르시스를 느껴 왜곡되었던 경험들이 바로잡히기도 한다.
그러나 분노는 혼란, 비난, 공격, 복수를 낳을 수 있다.

· · · · ·

샘은 밤늦게 고통과 혼란 속에서 홀로 거실에 앉아 보내는 시간이 이제 지긋지긋했다. 아내 말라는 침실을 쿵쿵거리며 오갔고 옷장 서랍을 쾅 여닫기도 했다. 부부는 거의 매일 밤 싸웠다. 정말로 끔찍한 나날이었다.

말라가 어린 시절 이웃집 남자에게 성폭행을 당했다는 사실을 털어놓은 후로 이런 상황이 벌어졌다. 샘은 귀 기울여 말라의 이야기를 들어주었고 도움을 주려 애썼다. 하지만 결혼생활이 이렇듯 엉망진창이 될 줄은 상상도 못했다.

싸움이 시작된 후 샘은 말라의 상담치료사를 만났다. 그리고 처음에는 충분히 아내를 도와 상황을 극복해나갈 수 있을 것이라 생각했다고 털어놓았다. 자신은 힘으로 여자를 억누르는 놈들과는 다르다고 여겼다. 하지만 말라가 매번 부부관계를 거부하자 화가 나기 시작했다.

'나는 그 성폭행범이 아니지 않는가. 그런데 어째서 아내는 늘 화가 나 있는 걸까?'

이 상황에서 샘에게 확실한 건 아동 성폭행범이 호된 처벌을 받아야 한다는 점뿐이었다.

· · · · ·

． ． ． ． ．

　강도를 당한 이후 켄은 더 이상 예전과 같이 활발하고 밝은 성격이 될 수 없었다. 머리에 총을 겨누고 지갑을 내놓으라고 협박한 복면강도 생각만 하면 손이 떨렸다. 강도는 지갑과 함께 켄의 자신감도 훔쳐간 셈이었다. 그 사건 이후 켄은 친구들도 거의 만나지 않고 매일 사격 연습장에서 시간을 보냈다. 켄은 강도에 대한 분노로 자신이 폭력적으로 변했다는 점은 미처 깨닫지 못했다.

． ． ． ． ．

늘 화를 내며 남을 공격하다

　분노는 극심한 변화나 파괴를 일으키는 강력한 감정이다. 말라는 자기 분노를 완벽하게 이해하지 못했고 이 때문에 분노는 그녀의 삶에 거짓힘을 주는 동시에 파괴적인 힘으로 작용했다. 말라는 거의 언제나 화가 나 있었다. 자신에게 그런 일이 일어났다는 사실을 참을 수 없었고 매일 문득문득 그 생각이 떠올랐다.

　어린 시절에 겪은 폭행에 분노하는 것은 자연스러운 반응이다. 분노는 치유 과정에서 필요하기도 하지만 샘과의 관계에서는 파괴적이었다. 제대로 통제된 분노는 필요한 변화를 이룰 수 있는 능력을 준다. 반면 통제되지 못한 분노는 행복한 삶을 영위할 힘을 빼앗는다. 말라는 샘에게 화를 낼 때면 힘을 느끼곤 했지만 다른 식으로 행동하기에는 무력하다는 사실을 알지 못했다. 다른 선택의 가능성은 없었다. 그저 분노가 시키는 대로 행동할 뿐이었다.

분노가 통제되지 못하면 문제의 근원을 보지 못한다. 남을 비난하며 날뛰지만 고통은 해결되지 않는다. 말라는 '모든 남자는 믿을 수 없는 존재'라고 단순하게 이해했다. 하지만 말라가 좀 더 이해해야 하는 대상은 바로 자기 자신이었다.

분노를 통제하지 못할 때 우리는 자신을 보지 못한다. 남에 대한 미움이 지나쳐 자신마저 잃어버린다. 공감, 이성적 판단, 예민한 감각을 분노 뒤로 밀어내고 비난에만 골몰하기 때문이다. 자신이 당한 일, 그로 인한 분노가 자기 존재의 전부가 되다시피 한다.

말라는 자신을 피해자로 인식했다. 그렇기 때문에 자신에게는 분노할 권리가 있다고 믿었지만, 그렇게 말라가 스스로를 무력하게만 보는 한 자기 자신이나 고통을 달리 이해할 길은 없다. 자신과 남자들, 고통을 이겨낼 능력 모두가 두려움의 대상으로만 남는다. 자신에 대해, 샘과의 관계에 대해 학습과 개선이 필요하다는 점도 깨닫지 못한다. 말라는 그저 남자는 믿을 수 없다고만 생각했다.

적절하게 통제된 분노는 개인의 힘을 키워준다. 하지만 통제되지 않은 분노는 우리를 무력감에 휩싸이게 한다. 분노의 강도에 압도되어 자신이 더 강해졌다고 착각하기도 하지만 실은 더 작아지고 더 큰 피해를 입을 뿐이다.

어린아이였을 때 말라는 이웃 남자에게 몇 년 동안이나 성폭행을 당하면서 안정감과 자신감을 심각하게 훼손당했다. 거듭된 폭력에서 자신을 지킬 수 없자 말라는 감정을 차단하는 방식으로 대처했다. 어른이 되어 결혼한 후에도 마찬가지였다. 무언가 감정이 느껴질 것 같으면 바로 무력감이 찾아왔다. 샘은 전혀 눈치채지 못했지만 말라는 부부관계를 할 때도 의무감에서 즐기는 척 연기를 해왔다.

일단 말라가 고통을 드러내자 몇 년 동안이나 억눌렀던 감정이 물밀듯 몰려왔다. 하지만 안타깝게도 말라는 그 감정들을 어떻게 통제해야 할지 알 수 없었다. 그래서 자기 감정에 책임을 지는 대신 샘을 비난했다. 강력한 감정을 무기 삼아 샘에게 맞섰고 이를 통해 자신을 보호하려 했던 것이다. 말라가 부당하게 분노를 폭발시킬 때 샘은 어떻게 아내에게 상처를 주지 않으면서도 자신을 보호해야 하는지 알지 못했다.

말라는 결혼생활이 요구하는 감정적·신체적 유약함에 위협을 느꼈을 뿐만 아니라 효과적인 자기보호 방법을 학습하지 못한 나머지 그저 단순하게 저항을 택했던 것이다. '두 번 다시 남자에게 상처 입지 않겠어'라는 맹세, 즉 자신을 향한 학대를 중단시키겠다는 결심은 물론 중요했지만 현재가 아니라 과거에 시작된 분노의 원천을 파악해내기는 쉽지 않았다. 결국 과거의 학대 경험을 이해하고 잃어버린 힘을 되찾아야 한다는 점을 깨닫지 못했고 성폭행범의 우악스러운 손길과 남편의 애정어린 손길을 구분하지 못했다. 급기야는 샘이 스킨십을 할 때마다 비난을 쏟아내는 지경에 이르렀다.

분노를 쏟아내면서 말라는 잠시나마 힘을 느꼈다. 하지만 곧 무력해졌다. 실제로는 힘을 발휘한 것이 아니라 소모한 셈이었기 때문이다. 말라는 분노에 차서 과거의 아픈 경험을 계속 곱씹으며 덫에 걸려버렸다.

그 상태에서는 성폭행범의 공격과 샘의 열정을 구별하기란 불가능했다. 샘이 애무를 해오면 말라는 어린 시절의 폭력을 떠올렸고 두 번 다시 남자에게 제압당하지 않겠다는 결심대로 분노했다. 분노를 드러내니 자기가 더 크고 강한 사람처럼 느껴졌다. 하지만 그 대가는 말라 대신 남편이 힘을 잃는 것이었다.

말라처럼 우리도 자기 힘을 키우기보다는 남을 공격함으로써 힘을 얻으려 하곤 한다. 분노가 통제되지 않으면 비난을 퍼부으며 앞에 있는 사람을 공격하게 된다. 그렇게 얻은 힘은 오래 가지 못한다. 실제로 강해진 것이 아니기 때문이다. 더 강한 척함으로써 남의 경계를 침범했을 뿐이다. 진정한 해결책은 남을 작게 만드는 것이 아니라 나를 강하게 하는 것이다.

분노를 통제하지 못하는 상대와 마주하고 있다면 우선 자신의 힘이 위협받는 상황이라는 점을 염두에 둬라. 하지만 섣불리 맞받아 대응한다면 상대가 자칫 또 다른 위협으로 받아들일 수 있다. 쉽지는 않겠지만, 분노를 통제하지 못하고 잔뜩 흥분하여 비난을 일삼는 상대 앞에서도 안정감을 유지해야 한다.

분노의 파괴적인 힘을 두려워한 나머지 분노의 방향을 자신에게 돌리는 사람들도 있다. 몇몇 사람들은 분노를 가슴에 담아두어 그 결과 근육 긴장, 두통, 궤양, 심장마비, 심지어는 암이 발생한다. 때로는 자신을 비난하며 분노를 패배감, 즉 불안, 좌절, 자기의혹, 후회 등으로 전환시키기도 한다.

무의식에 분노를 꽉꽉 채워둔 나머지 아주 살짝만 자극해도 크게 터져버리는 사람들도 있다. 이런 과잉반응은 현재의 경험이 자기도 모르게 과거의 나쁜 기억을 떠올리게 하는 탓이다. 그래서 아무 문제 없고 피해도 없을 것 같은 일 때문에 비난받는 경우도 생긴다. 이런 사람들은 생존을 위해, 자기 힘을 유지하기 위해 싸우고 있다는 점을 기억하라. 본인은 막상 자기 행동의 영향력을 인식조차 못하겠지만 말이다.

학대는 또 다른 학대를 낳고 분노는 또 다른 분노를 낳는다. 통제되지 못한 분노를 자기보호용으로 사용할수록 분노를 통제하지 못하는 사람들을 더 많이 삶에 불러들이는 꼴이 되고 결과적으로 상처 주고 상처받는 일이 한층 많아진다.

분노로 자기존중감을 잃다

어린 시절의 성폭행 경험과 대면하기 전까지 말라는 아내, 어머니, 일하는 여성으로서 성공했다고 자부했다. 샘처럼 좋은 배우자를 만나 14년 동안 잘살아왔다는 것이 자랑스러웠다. 세 딸은 모두 사랑스러웠고 공부도 잘했다. 막내딸이 유치원에 들어간 후 시작한 출장요리 사업도 성공했다. 말라는 일이 좋았고 바쁘게 지냈다.

하지만 마음 깊숙한 곳 어딘가에는 삐걱거리는 기억이 있었다. 전혀 예기치 않은 순간, 예를 들어 출장요리 일을 한창 하고 있을 때 갑자기 끔찍한 위험이 닥쳐오는 듯한 느낌을 받곤 했다. 또 특정 남성 화장품 냄새를 맡으면 구토가 일고 숨쉬기가 어려워졌다. 가장 힘든 때는 남편과 부부관계를 하다가 갑자기 몸이 돌처럼 차가워지고 자신이 침대 속으로 사라진다고 느끼는 순간이었다. 말라는 미쳐버릴까 봐 두려웠고 그런 감정을 숨기려고 애썼다. 자기가 부부관계를 얼마나 싫어하는지 남편이 알게 하고 싶지 않았다.

학대, 특히 어린 시절의 학대는 자신을 무가치하다고 느끼게 만든다. 말라는 어린 시절의 성폭행 기억과 싸우면서 또다시 그런 식으로 피해를 입을까 봐 은근히 두려웠다. 성폭행범의 거친 행동을 떠올리며 자기가 성관계를 진정 즐길 수 있을지 의혹을 품기도 했다. 자기가치에 대한 회의와 싸우면서 말라는 분노에 사로잡혔다.

분노는 가치 있게 여기는 대상이나 사람이 존중받지 못할 때 느끼게 되는 건강한 반응이다. 분노의 강도는 관심과 애정의 정도를 반영한다. 별로 가치가 없다고 생각하던 물건이라면 깨지거나 망가져도 별 상관이 없을 것이다. 하지만 귀하게 여기던 것을 누군가 함부로 다루면 무척 화가 난다. 효과적으로 통제되기만 한다면 분노는 잃거나 피해 입은 것을 복구하도록 돕는다. 하지만 잘못 통제되는 경우 더 많은 피해를 입히고 만다. 말라의 경우가 보여주듯 통제하지 못한 분노는 자부심을 높이는 방향이 아닌, 아무 소용 없는 비난으로 이어질 수 있다.

말라는 더 이상 상처 입지 않기 위해 남편을 비난했다. 남자들에게서 자신을 보호해야 한다고 생각했지만 다른 한편으로는 사랑하는 남편에게 악독하게 구는 것이 힘들기도 했다. 분노를 통제하지 못하는 상황이 반복되면서 자기존중감은 점점 깎여나갔다. 자신의 행동이 냉혹하다고 생각할수록 자부심이 줄어들었던 것이다. 자기가치를 낮게 평가할수록 피해자 덫에 점점 강하게 걸려들고, 그럴수록 자기존중감이 낮아지는 악순환이 반복된다.

샘 또한 자기존중감에 상처를 입었다. 그는 아내의 분노에 역시 분노로 대응하곤 했다. 처음에는 아내를 고통으로 몰아넣은 남자에게 화가 났고 끔찍한 복수를 다짐했다. 자신이 보호자이자 보복자로 나서면 아내가 고마워할 것이라 기대했다. 하지만 놀랍고 또 실망스럽게도 말라는 샘에게 감사의 입맞춤 대신 독설을 퍼부었다. 그는 절망했다. 도우려 애쓸수록 아내는 더 격노했다. '비난게임'에 빠져버린 샘은 결혼생활의 모든 문제를 말라의 과거 탓으로 돌렸다. 자기 고통의 이유를 찾는 과정에서는 심지어 어째서 성폭행을 당하게 되었느냐며 말라를 원망하기도 했다.

비난의 대상이 되는 사람은 자기존중감, 자기가치에 대한 인식, 정체성 등에 위협을 당한다. 샘의 경우처럼 엉뚱한 사람이 대가를 치러야 하는 경우도 있다. 분노의 비난 앞에서 자아감각을 유지하기는 쉽지 않다. 샘은 아이를 성폭행한 적도, 말라에게 성관계를 강요한 적도 없었다. 그저 아내와 사랑을 나누고 싶어 하는 열정적인 남자일 뿐이다. 그러나 그럴 때마다 말라가 분노하자 샘은 '내가 너무 무감각한가?' '너무 내 생각만 하나?' 혹은 '나도 강간범인가?'라는 의혹에 빠졌다. 이렇듯 분노가 통제되지 못하면 주위 사람까지 위험에 빠뜨릴 수 있다.

분노가 인간관계에 피해만 입히고 자신감을 손상시킨다면 스스로에 대한 부정적 인식이 커진다. 통제된 분노는 '어떻게 하면 상황이 더 좋아질까?'라는 질문을 던진다. 반면 통제되지 못한 분노는 '누구 탓을 할까?'라고 묻는다.

분노 통제에 실패하는 세 가지 경우

건강하게 통제된 분노는 과거의 상처를 극복하고 현재를 안정시킨 힘을 준다. 학대로 인한 상처 치유 과정에는 과거에 주의를 집중해야 하는 단계도 분명 존재한다. 어떤 일이 일어났는지, 누가 상처를 주었는지, 그 학대가 삶에 어떤 영향을 미쳤는지 분명히 해야 하기 때문이다.

하지만 분노가 통제되지 못하면 이런 문제가 명료하게 정리되지 못해 '비난게임'이라는 곁길로 빠지고 만다.

강도에게 돈을 빼앗겼던 켄은 심리적 상처에서 치유되기 위한 노력을 거의 하지 않았다. 대신 뭐든 어려운 일만 생기면, 심지어 친구와 싸우더라도 복면강도를 탓하고 비난했다. 그는 늘 화부터 내는 게 우정도 손상시킨다는 점을 깨닫지 못했다. 친구들은 켄을 어떻게 도와야 할지 몰랐고 사이는 점점 서먹해졌다.

이런 상처에서 치유되려면 시간이 필요하다. 몇 개월, 몇 년이 걸리기도 한다. 치유 기간은 정해져 있지 않다. 치유 방법에 정답도 없다. 어떤 학대를 당했는지, 피해를 입었을 때 몇 살이었는지, 누가 학대를 저질렀는지, 진실이 밝혀졌을 때 사람들이 어떻게 반응했는지 등에 따라 치유 방법과 기간이 달라진다. 어린 시절의 성추행, 성인이 된 후의 강간, 이혼 등으로 인한 상처는 평균적으로 2년 정도가 지나면 어느 정도 회복된다. 물론 이보다 더 빨리 치유되는 사람도 있고 더 오래 걸리는 사람도 있다. 하지만 분노 통제에 실패하면 남은 평생 과거의 상처를 안고 살게 될 수도 있다. 이렇게 되는 길은 여러 가지다.

첫째, 통제되지 못한 분노가 자신을 가해자에게 묶어버리는 경우

분노 감정이 가해자에게서 거리를 두게 하고 책임을 지우며 안정감을 제공하기보다는 비난에 동원되는 상황이다. 말라는 성폭행범을 하루에도 몇 번씩이나 떠올렸다. 아침에 일어날 때, 낮 시간 동안, 그리고 잠들 때도 가해자를 생각했다. 심지어 꿈에 나타나기도 했다. 그때마다 말라는 샘을 비난했고, 이는 분노가 말라와 성폭행범을 강하게 연결시키고 있었다는 증거이다.

둘째, 끔찍한 기억을 계속 되살리는 경우

말라는 몇 년 동안 집단상담 치료를 받았고 새로운 사람이 집단에 참여할 때마다 자기 이야기를 털어놓았다. 처음에는 이런 진실 고백이 중요했고 치유에 필요했다. 하지만 말라는 그 단계에서 한 발짝도 더 나아가지 못했다. 과거에 못박힌 채 여전히 남자에게 제압당하는 어린 소녀로 자신을 바라보고 있었다. 통제되지 못한 분노 때문에 끔찍한 기억을 잊고 강하게 다시 태어나는 대신 당시의 감정 속으로 계속 빠져들었던 것이다.

셋째, 무력감을 자기정체성으로 받아들이는 경우

말라는 자신을 독립적이고 능력 있는 성인이라 생각하지 못했다. 여전히 무력한 어린 소녀로 여겼다. 그 까닭에 샘이 애무를 해오면 이를 애정의 표현이 아닌 성폭행으로 인식했다. 자신은 무력한 존재에 불과했으므로 샘이 강력한 공격자의 역할을 맡을 수밖에 없었다.

분노를 통제하지 못하는 상대와 관계를 맺다 보면 그 문제가 곧 내 것이 된다. 상대가 통제하지 못하는 감정이 자신의 약점을 파고드는 것이다. 샘은 아내의 분노에 크게 영향을 받았다. 결과적으로 부부는 위험한 분노의 춤을 추게 되었다. 말라는 성폭행범에 집착했고 샘은 말라에게 집착했다. 말라는 자기 경험담을 말하고 또 말했지만 해결되는 것은 없었다. 샘은 아내에게 더 이상 그 이야기를 하지 못하게 했다. 그러자 말라는 무력감에 휩싸였다. 자신도 모르게 샘은 말라에게 과거를 극복하라는 압력을 가한 셈이었다.

피해자 덫에 걸린 사람은 스스로 무력하다고(그리고 결백하다고) 느끼는 탓에 상대방을 극단적으로 강하게(그리하여 비난받을 만하게) 여기게 된다. 이때 자신에게 그런 식으로 피해자 덫에 걸린 사람을 책임져야 한다는 마음이 아주 강하다면 그를 보호하고 또 구해내고 싶어질 것이다. 하지만 그 바람은 이루어질 수 없다. 피해자 덫에 걸린 사람이 무력하다는 것은 착각일 뿐 사실이 아니기 때문이다. 우리는 모두 자신의 힘을 지니고 있다. 쉽지는 않겠지만, 상대가 고통에서 구해달라고 호소해오는 순간에도 이 점을 인식해야 한다. 상대가 자기 힘을 발휘하도록 도와줄 수는 있지만 상대를 치유할 수는 없다.

분노가 복수가 되다

분노라는 감정 뒤에서 무력감을 느끼는 사람은 원하는 대로 행동해도 괜찮다는 생각을 하기도 한다. 오랫동안 분노를 억눌러오다 보니 마침내 '이제는 내가 미쳐 날뛰어도 괜찮아'라고 스스로 정당화하는 상황이 된다. 말라처럼 자신을 무력하다고 여기던 이들이 내키는 대로 광적으로 행동하며 복수하는 모습으로 돌변하는 것이다.

복수는 통제되지 못한 분노가 상처를 상처로 되돌려주려고 하는 시도이다. 그 목표는 치료가 아니라 되갚음이다. 또한 복수는 인위적으로 균형을 잡으려는 노력이다. 마치 인간의 고통을 저울에 달아 무게를 측정하고 비교할 수 있다는 듯 접근한다. 복수가 안겨주는 쾌감은 다른 방법으로는 자기 힘과 통제력을 복구하지 못하기 때문에 얻는 감정일 뿐이다.

통제되지 못한 분노는 자신과 과거, 현재를 명확하게 이해하지 못하도록 만든다. 이전까지 발달시켰던 자기억제력이나 판단력은 분노 뒤로 가려지고 만다. 과거에 어떤 학대를 당했고 그에 대해 얼마나 화가 나는가가 현재의 모든 모습을 결정해버린다. 잘못된 대우를 받았으니 어떤 행동을 하든 정당하다고 느낀다. 피해자가 되었던 과거를 이제 바로잡겠다고 결심한다. 미움으로 인해 자신에 대한 명확한 인식은 사라지고 그저 잔인한 복수심만 남는다.

말라가 바로 그런 경우였다. 자신을 잔인하다고 생각한 적은 한 번도 없었다. 남을 용서하는 너그러운 사람, 때로는 그 용서가 지나쳐 단점이 되는 사람이라고까지 여겼다. 하지만 통제되지 못한 분노는 그런 너그러움을 없애버렸다. 샘이 자기를 덜 배려해주면 말라는 곧 학대당한다고 생각했고 분노해 자신을 보호하고자 공격을 했다. 분노를 통제하지 못할수록 부부의 상처는 더 깊어졌다.

평소 제아무리 분명하고 자신감이 넘치는 사람이었다 해도 일단 피해자 덫에 걸리면 과거, 자기 자신, 그리고 남들에 대해 제대로 이해하지 못한다는 점을 꼭 기억해야 한다. 비난과 공격으로 얼마나 많은 상처를 주는지 깨닫지 못하는 탓에 자신이 얼마나 멀리 나갔는지 모르는 것이다.

분노 아래 숨은 감정, 수치심

스스로 원해서 분노를 파괴적으로 폭발시키는 사람이 있을까? 분노 폭발은 크나큰 고통에 몸부림친 끝에 나오는 결과이다. 상처를 입은 사람은 스스로 약하다고 생각한다. 이렇듯 약한 자신을 방어하기 위한 방법으로 통제되지 못한 분노가 나타난다. 이는 심리학자들이 '방어기제'라고 부르는 메커니즘의 한 예이기도 하다. 위기의 순간이 닥칠 때 생존을 위해 동원하는 방어 방식은 사람마다 다르다. 문제는 분노가 위기의 순간이 아니라 일상적인 방어기제로 사용되는 경우다.

분노는 우리를 공격에서 보호하는 좋은 힘이 될 수 있지만 통제되지 못하면 엄청난 피해를 낳는 방어기제로 작용한다. 이런 사람은 상처 부위를 활짝 열어 소독하고 치료하기보다는 덮는 데 급급하다. 분노가 상처를 치료하는 데 긍정적인 동기가 될 수도 있으나 통제되지 못한 분노는 상처가 아니라 특정 사물이나 인물에만 에너지를 집중시킨다.

치유를 위해서는 분노 아래에 숨은 불씨가 무엇인지 알아야 한다. 이는 자신의 힘을 키우기 위한 귀중한 정보를 제공한다. 켄이 자신에게 이런 질문을 던졌다면 다른 남자에게 힘으로 제압당한 것을 치욕스러워했다는 점을 깨달았을 것이다.

분노로 이어질 수 있는 감정은 상처, 두려움, 좌절 등 여러 가지이다. 그런데 통제되지 못한 분노 뒤에서 가장 자주 마주치는 감정은 수치심이다. 수치심은 계속 숨어드는 감정이기 때문에 특히 다루기가 어렵다. 수치심은 자기존중감의 핵심을 건드리며 잘못된 행동을 불러온다. 수치심은 죄의식과는 다르다. 죄의식은 과하거나 부족했던 행동으로 인한 불편한 감정이다. 즉 행동에 대한 감정이다. 반면 수치심은 부족한 자기 모습에 대한 감정이다. 수치심을 터놓고 이야기한다고 해서 기분이 나아지지 않는다. 오히려 무언가에 수치심을 느낀다는 사실을 누군가 지적하면 또다시 수치스러워진다. 어둠 속에 감추려고 하는 것에 환한 불빛을 들이대는 것이나 다름없다. 벌거벗었다는 느낌이 들 수도 있다. 수치심을 인식하자마자 우리는 그 대상을 드러내는 고통을 피하려 하고, 수치스러운 대상에 대한 이야기가 나오면 방어적이 된다.

수치심은 말라와 샘의 고통, 그리고 통제되지 못한 분노의 뿌리에 자리잡고 있었다. 하지만 분노에만 초점을 맞추었기 때문에 둘 중 누구도 그 짐을 깨닫지 못했다. 상대의 행동 변화만이 문제의 해결방법이라고 여겼던 것이다. 샘은 '제대로' 치유되지 못하는 아내에게 좀 더 빨리 좋아져야 한다고 압박했다. 말라는 남성들이 성적으로 얼마나 이기적인 존재인지를 드러내 죄의식을 느끼게 해야 한다고 믿었다. 두 사람의 분노는 모두 비난받아야 한다고 믿는 상대를 벌하는 데 초점이 맞춰졌다. 죄의식을 느끼게 하는 데 중점을 두다 보니 수치심에 대해서는 살피지 못한 것이다.

더 이상 피해자가 되지 않겠다는 말라의 저항 아래에는 자신이 샘의 상대가 되기에 부족한 존재라는 생각이 깔려 있었다. 성폭행을 당한 것이 자기 잘못은 아니라는 점을 알고 있으면서도 그 생각을 떨쳐내기가 쉽지 않았다. 말라는 우선 그 생각의 혼란부터 극복해야 했다.

샘 또한 자신은 말라가 힘든 시기를 이겨내는 데 충분한 도움을 줄 수 없는 사람이라는 자책감을 가지고 있었다. 성적으로 위축되어 자기를 거부하는 말라에게 당혹감을 느끼기도 했다. 수치심으로 인해 그는 분노를 표출하기 시작했다.

말라와 샘은 자신의 수치심부터 대면해야 했다. 말라가 자신의 의지와는 상관없이 성폭행을 당했다는 점은 분명했다. 하지만 말라는 당시를 돌이켜볼 때마다 자신을 보호하기 위해 무언가 다른 조치를 취할 수도 있지 않았을까 하는 의구심이 들었다. 어느 정도는 자기도 그 상황을 즐겼고 그래서 성폭행이 지속된 것이라는 끔찍한 생각도 들었다. 이런 생각은 자신을 괴물 같은 존재로 느끼게 했고 더 큰 수치심을 불러왔다. 부모님이 자기를 지켜주지 않았던 것도 사랑하고 보호해야 할 딸이 못 되었기 때문이라고 생각했다. 결국 자기를 진정으로 사랑하는 사람은 아무도 없을 것이라고 믿게 되었다. 샘이 어떻게 하든 그 믿음은 바뀌지 않았다. 결국 말라는 성적으로 남편을 거부함으로써 복수의 채찍을 휘두르기 시작했고, 남편이 스스로를 '가치 없는' 존재라 생각하도록 만들었다.

남편이 자기를 피해자로 만들고 있다는 생각은 역설적이게도 말라의 숨겨진 수치심을 더욱 강화시켰다. 샘이 충분히 배려해주지 않거나 비난한다고 생각될 때면 '어째서 아직도 이런 일이 계속되는 걸까?'라는 지긋지긋한 질문이 떠올랐고 결국 무력감을 느꼈다. 자기 행동 때문이 아니라면 자신의 존재 자체가 문제라는 비극적인 생각이 이어졌다. 내면의 결함이 결국 학대의 원인이라는 생각이었다. 이런 식으로 생각이 꼬여버리면 남을 비난하면서 동시에 자신의 수치심만 키우게 된다.

말라는 상황을 개선하는 데 자신이 할 수 있는 일은 아무것도 없다고 여겼다. 그건 샘이 해야 할 역할이라고 믿었다. 본래 남자는 강하고 여자는 약하지 않은가. 피해자 덫에 걸린 말라는 힘과 가치를 지닌 성인이 아니라 공포에 질리고 버림받은 아이로서 샘을 대했고 이로 인해 수치심은 더욱 심해졌다. 수치심은 통제되지 못한 분노를 부채질하면서 한층 강해졌고 복수심을 불태우게 했다.

하지만 복수는 수치심을 치유하지 못한다. 그저 덮어서 가릴 뿐이다. 복수는 정당한 통제권을 되찾았다는 느낌을 준다. 격한 분노를 표출하다 보면 수치심이 낳는 더 큰 고통이 가려지기 때문이다. 그러면 스스로 더 이상은 무력하지 않다고 느낀다. 복수는 이렇듯 훌륭한 눈가림이긴 하지만 해결책은 아니다. '공평하게 되갚아준다'는 극복과는 전혀 다르기 때문이다.

복수를 하면 물론 통쾌하다. 하지만 겉모습만 그렇다. 실제로는 더 많은 상처를 입을까 봐 두려워하고 상처가 너무도 깊은 나머지 분노의 벽을 높이 둘러쳐서 더 이상은 누구도 위협을 가하지 못하도록 막는 것이다. 이 벽은 나름의 역할을 한다. 상처를 밀봉하는 역할이다. 하지만 동시에 치유하는 사랑도 막아버린다.

이 벽은 다른 결과도 낳는다. 수치심을 가리려고 비난만 하게 만드는 것이다. 수치심은 겉으로 드러내기에 너무도 고통스러운 감정이지만 그렇다고 쥐죽은 듯 침묵하지는 않는다. 수치심은 숨고 싶어 하는 동시에 그에 따르는 고통은 드러내려 하기 때문이다. 말라의 경우 수치심을 숨기려 하면서도 남편을 비난해 깊은 상처를 표현하지 않았는가. 샘 역시 성적으로 위축되면서 말라를 비난했다.

이는 말라와 샘에게 내면적 갈등을 안겨주었다. 둘은 분노를 드러내놓고 표현하면 힘이나 통제력이 없다고 보여질까 걱정했지만 분노하고 통제력을 잃었고, 또다시 수치심을 느꼈다. 통제되지 못한 분노의 피해자 덫에 걸린 사람들은 수치심과 무력감을 상대로 헛된 싸움을 벌이는 데 힘을 소진하고 그 결과 더 큰 수치심과 무력감을 느끼고 만다.

자기존중감을 높이고 경계를 설정하다

샘은 집단상담에서 다음과 같이 토로했다.

"말라가 절 비난하면 몹시 화가 납니다. 어떻게 해야 할지 이제 정말 모르겠어요. 아내가 화를 내고 저도 화를 내고…… 그러면 아내는 또다시 화를 냅니다. 우리 부부는 세상에서 제일 화를 많이 내는 사람들 같아요!"

전형적인 반응이다. 상대가 화를 내면 나 역시 쉽게 화가 난다. 분노가 분노를 자극하며 상승기류를 탄다. 이럴 때는 '나 자신을 보호하고 남을 피해자로 만들지 않도록 분노를 효과적으로 통제할 방법은 무엇인가?'라는 질문을 던져보라.

분노를 잘 사용하면 피해자 덫에 걸려들지 않고 문제 해결에 필요한 에너지를 충분히 얻게 된다. 행동할 수 있는 힘이 생기는 것이다. 분노를 통제하지 못하는 상대에게 휘둘리지 않고 힘을 발휘해 공정하고 균형잡힌 새로운 관계를 만드는 일도 가능해진다.

과연 피해자 덫에 걸린 상대에게 어떤 태도를 보여야 하는가? 상대를 내 삶에서 아예 빼버리는 것이 유일한 방법이라고 주장하는 이들도 있다. 하지만 거리상으로 멀어지는 것은 가능할지 몰라도 심도 깊은 차원에서의 해결이 없다면 심리적 분리는 이루어지지 못한다. 상처를 입힌 상대가 나 자신의 일부가 되기 때문이다. 파괴적인 관계를 재설정해야 부정적인 영향에서 벗어날 수 있다.

말라는 분노 표출로 가해자에게서 해방되기는커녕 가해자와의 관계에 더 단단히 묶여버렸으며, 샘은 가해자에 대한 미움, 나아가 말라에 대한 미움으로 가득차 결국 말라의 분노에 묶였다. 통제되지 못한 분노가 두 사람을 과거의 나쁜 경험에 속박해버린 것이다. 두 사람은 몇 년 동안이나 가해자에 대해 생각하고 이야기를 나누었다. 이제 다 끝난 일이라는 걸 강조하면서 말이다. 하지만 진정한 해결은 이루어지지 못했다. 말라가 자신의 힘을 회복해 그 관계를 재정립하고 안정감을 느끼지 못했기 때문이다.

어떻게 위험한 관계를 재정립할 수 있을까? 가장 중요한 것은 새로운 경계를 설정하는 일이다. 더 이상은 실질적으로 만나지 않는 상대와 관계를 재정립하고 나면 현재의 인간관계에서도 경계를 설정할 수 있음을 깨닫게 된다. 어린 시절의 성폭행 경험과 대면하기 시작한 말라에게는 성적 경계를 어떻게 설정할 것인지 결정할 시간이 얼마간 필요했다.

그동안은 모든 성적 행동으로부터 거리를 두어야 했다. 그리고 자기 삶에서 성적 관계가 갖는 의미를 재설정하고 정리하는 동안 남편 샘이 인내심을 발휘하며 도와줄 것을 기대했다.

하지만 안타깝게도 말라는 수치심을 가리기 위해 분노를 동원했고 또 자신의 경험을 인식하는 데서 중대한 실수를 저질렀다. 성폭행은 성의 문제가 아니라 폭력의 문제인 것이다. 말라는 폭력 피해를 입은 것이었지만 폭력과 성을 혼동했다. 먼저 말라는 과거의 경험을 폭력적 행동으로 재정의해야 했다. 그러면 현재의 성관계가 사랑을 바탕으로 한다는 점도 재정의할 수 있다. 이런 식으로 관계가 재정의되었다면 샘과의 관계를 어린 시절의 폭행과 전혀 다르게 인식할 수 있었다. 말라에게 치유는, 성관계를 긍정적인 삶의 일부분으로 바라보고 경험하는 것이었다. 이를 위해서는 분노를 통해 과거의 고통스러운 기억을 새롭게 바라보고, 애정 넘치는 결혼생활을 지속시켜 줄 안정감을 되찾아야 했다.

샘 역시 말라와의 관계를 재정의하기 위해 새로운 경계를 설정해야 했다. 전에는 아내와의 성적 관계에서 행복감과 남성적인 자신감을 느낄 수 있었다. 궁극적인 목표는 다시금 자유롭고 안전하게 성적으로 자신을 표출하는 것이지만, 당분간은 부부의 성적 관계를 재설정하면서 동시에 말라로 인한 정체성 손상을 막아야 했다. 아내가 성에 대한 생각을 재정립하는 중요한 과제를 이루는 동안 샘은 정열적인 남성이라는 자기 모습을 다른 방법으로 확인해야 했던 것이다.

다시금 새로운 경계를 설정하면서 샘은 자기 분노를 좀 더 효과적으로 통제하기 시작했다. 집단상담을 받고 말라에게 정신적인 지지를 보내며 어린 시절에 아내를 보호하지 못했던 장인장모와 맞서는 데 분노를 사용했다. 분노를 행동으로 표출하면서 그는 과거에서 좀 더 자유로워졌다. 그리고 조금씩 말라의 가해자에 대한 분노를 흘려보냈다. 말라의 비난으로부터 자기를 어떻게 보호해야 할지 알아갔고, 성적으로 스스로 책임을 지게 되면서 그는 말라에게 상처 주기보다는 도움이 되는 방식으로 행동했다.

분노를 제대로 통제하지 못하는 상대를 대할 때는 예기치 못한 상황에 대비해야 한다. 상대의 반응이 다음 행동에 대한 믿을 만한 지침이 되지 못하는 경우가 자주 일어나기 때문이다. 샘의 경우에도 그랬다. 샘은 자신의 변화를 아내가 기뻐해줄 것으로 기대했지만 말라는 오히려 화를 냈다. 가해자에게 더 이상 화내지 않는 남편을 배신자로 여겼고 "좋은 남편이 되어주지 않는다"며 비난했다.

샘은 다시 한 번 분노를 통해 자기 힘을 북돋워야 하는 입장이 되었다. 충분히 배려해주지 않는다는 아내의 비난을 이겨내기 위해서 말이다. 아내의 비난을 그대로 받아들이는 대신 샘은 자기가 책임져야 할 부분과 아내 스스로 책임질 부분을 구분했다. 그리고 자기를 부당하게 대한 아내의 행동에 대해서 아내에게 책임을 묻는 데 분노를 사용했다.

자기가 가진 힘을 인식하고 모으는 것 못지않게 그 힘을 과대평가하지 않는 것도 중요하다. 남들은 감당 못할 일을 자신은 문제없이 해결할 만큼 강하다는 식의 잘못된 믿음을 고수하는 사람은 오히려 쉽게 상처를 입는다. 특히 감정 통제를 하지 못하는 여자 때문에 피해자가 된 남자들에게서 이런 모습이 자주 나타난다. 우리 사회는 흔히 남자는 여자보다

강하며 여자는 무력하고 보호해야 할 존재라고 믿는다. 이런 생각을 하고 있다가는 감정적, 심지어는 육체적 상처를 입게 된다. 남자든 여자든 성인은 모두 자기 힘을 가지고 있다. 남의 힘을 과소평가하고 자기 힘을 과대평가하다가는 큰 재난을 만날 수 있다.

분노를 통제하지 못하는 사람들이 겪었던 고통을 동정하면서 이들이 상처 주는 행동을 해도 넘어가 주는 사람 역시 상처를 입게 된다. 상처 주는 행동이 지속되도록 구실을 찾아주는 것과 용서하는 것을 혼동하는 사람이 너무도 많다. 때로는 어떤 사람이 자신을 피해자 덫으로 끌고 들어갈 수 있음을 인식하고 자신의 삶에 개입하지 못하도록 하는 것이 최선이다. 현실을 무시한다면 누구에게서도 도움을 받을 수 없다. 상처를 받았다면 그 진실을 털어놓고 그에 맞춰 행동하는 것이 자신이나 상대에게 중요하다. 상대가 과거에 어떤 상처를 입었든지 간에 말이다.

분노 통제하기

누가 멀쩡한 새 자동차를 날카로운 도구로 긁어놓으면 화가 난다. 하지만 폐차 직전인 낡은 차인 경우 새 차일 때보다는 화가 훨씬 덜할 것이다. 결국 분노의 정도는 차가 입은 손상 정도, 그리고 자신이 차에 부여하는 가치에 따라 달라진다. 물건뿐만 아니라 사람에 대해서도 똑같은 원칙이 적용된다. 누군가 자신을 비난하고 모욕했다면 화나는 것이 당연하다. 그 분노의 정도는 고통의 강도를 반영하고 또한 인간으로서의 내적 가치를 확인시킨다.

비난이나 비판을 받으면 자신에 대해 회의가 드는 것이 당연하다. 이 때문에 자기 행동에 책임을 지는 것 못지않게 파괴적인 비판으로부터 자신을 보호하는 것 또한 중요하다. 분노를 통제하지 못하는 상대와 관계를 맺고 있다면 긍정적인 자기가치를 유지하고 상처 주는 행동에 대한 분노를 다루기 위해 지속적으로 도움을 받아야 한다.

우선은 자기존중감을 높이는 데 에너지를 집중하라. 진심으로 즐기는 일에 더 많은 시간을 투자하라. 이는 긍정적인 자아 형성에 도움이 된다. 운동, 춤, 그림, 산책 등을 좋아한다면 거기에 시간을 써라. 우리에게는 그럴 가치가 있다.

통제되지 못한 분노에서 야기된 공격을 받고 있다면 가능한 한 자주 '현실 확인'을 하는 것도 도움이 된다. 수치심과 자기의혹에 싸여 혼자 시간을 보내지 말고 친구들을 만나라. 오랫동안 어울린 사이로 자신의 과거와 장점 등을 훤히 아는 친구라면 더욱 좋다. 상담치료 전문가나 집단상담도 도움이 된다.

도움을 요청할 때는 자신을 공개하겠다는 마음가짐이 중요하다. 그래야 건설적인 비판과 지원이 가능하다. 통제되지 못한 분노와 대면했을 때 신뢰할 만한 피드백을 받을 수 있다면 자기 태도를 확실히 하고 현실적인 시각을 유지하기가 훨씬 쉽다.

남들의 피드백과 지원을 받아들이는 것이 중요하긴 하지만 피해자 덫에 걸린 상대라면 너무 신뢰하지 마라. 물론 피해자 덫에서 빠져나와 힘을 되찾은 후라면 그 피드백을 신뢰해도 좋다. 하지만 여전히 비뚤어진 인식을 하고 있다면 정확한 판단을 할 수 없다. 과거에 상처를 입었고 현재도 고통받고 있는 상대는 왜 이런 행동을 하는지 무의식적인 동기를 깨닫지 못하고 자신이 남에게 얼마나 큰 상처를 주는지 전혀 파악할 수 없다는 점을 반드시 기억해야 한다.

어느 누구도 완벽하지 않다는 점을 인정한다면 자기존중감을 유지하기가 쉽다. 누구에게나 분명히 후회할 일, 지워버리고 싶은 말, 무시하고 싶은 부분이 있을 것이다. 그것이 인간이다. 성공은 실수에서 배우는 것이지 실수를 피하는 것이 아니다.

치유 여행 시작하기

분노를 통제하지 못하는 상대가 솔직하고 용감하게 과거와 대면해야 하듯 자신 역시 치유 여행을 시작해야 할지 모른다. 상대의 분노 때문에 과거의 상처가 의식 수준으로 떠올랐다면 치료 전문가와 집단상담의 도움을 받으면서 치유의 시간을 가져라.

분노를 통제하지 못하는 상대의 과거에 휩쓸려 들어가지 않으려면 자신의 상처 영역을 분명히 인식하면서 현재에 머무르는 것이 중요하다. 피해자가 되면 혼란, 슬픔, 상실감, 무력감, 수치심, 죄의식, 두려움, 분노, 열망 등 여러 감정을 느끼게 된다. 이들 감정은 모두 진심을 반영하므로 중요하다. 부당한 대접을 받으면, 또한 마땅히 기대하는 존중이나 보호를 얻지 못한다면 이 역시 여러 감정을 불러일으킨다.

시간을 충분히 두고 자신의 모든 감정을 다 느껴보는 것이 중요하다. 감정이 곧 특정 행동과 연결된다고 생각해 이를 거부하는 사람들도 있다. 분노가 특히 그렇다. 분노를 느끼다 보면 남에게 상처를 줄 수밖에 없다고 여기기 때문에 많은 이들이 분노를 두려워한다. 하지만 단순히 감정을 느끼는 것은 특정 행동과 연결되지 않는다. 감정은 행동과 엄연히 다르다.

감정은 복합적이다. 여러 층위로 나타나기도 한다. 한 감정 아래 더 깊은 감정이 숨은 경우도 있다. 분노 아래에는 수치심, 상처, 배신감 등이 자리잡는 일이 많다. 수치심 아래에는 상실감, 혼란, 소외감, 자기비하 등이 있을지 모른다. 현재 느끼는 모든 감정을 더 잘 알수록 행동을 취해야 할 시점에 더 많은 힘을 가질 수 있다. 자신이 누군지, 무엇을 필요로 하는지가 분명해질 것이다. 감정을 잘 알수록 더 강해지고 더 안전해진다.

화가 날 때, 특히 피해자 덫에 걸렸을 때 스스로 던져야 할 질문은 바로 '나는 또 어떤 감정을 느끼고 있는가?'이다. 대부분의 경우 상처, 두려움, 좌절, 수치심이 숨어 있다. 깊은 감정을 탐색하지 않고 그저 분노 상태에 머무른다면 감정을 표면적으로 이해하는 데 그치게 되고 실제적인 해결은 어려워진다. 무엇을 느끼는지, 그 느낌이 과거의 상처와 어떻게 관련되는지 알면 알수록 문제 해결 가능성은 더 높아진다.

샘에게 화를 내는 데서 그치는 대신 말라는 '나는 또 어떤 감정을 느끼고 있는가?'라는 질문을 던질 수도 있었다. 그렇다면 샘의 성관계 요구를 강요로 인식한다는 점을 발견했을지도 모른다. 남자의 요구에 복종해야 한다는 느낌은 성폭행당할 때 핵심을 이루었던 바로 그 감정이었다. 자기 힘에 바탕을 둔 친밀감을 만들기 위해 말라는 분노와 그에 동반되는 감정을 표현해야 했다.

분노 아래 숨은 감정을 파악하고 나면 자기 행동이 남에게 상처를 입히는지, 아니면 도움이 되는지 파악하기가 훨씬 수월해진다. 수치심을 바탕으로 한 분노는 상처를 주지만 사랑에 근거한 분노는 도움을 준다. 분노와 사랑은 서로 배타적이지 않다. 관계 재정립에 필요한 분노는 관계의 안정성을 높여 더 큰 사랑이 가능하게 만든다. 반면 수치심을 가리기 위한 분노는 사람들 사이의 거리를 벌리고 사랑을 차단한다. 분노는 회피해서는 안 될 감정이다. 해결되지 않은 문제를 매듭짓는 데 사용되어야 한다.

새로운 경계 설정하기

분노는 강력하고 파괴력까지 지니기 때문에 일단 표현한 후에는 신속히 배출하는 것이 최선이다. 경계를 설정하고 강화하는 데 분노를 사용하고 바로 털어내지 않는다면 분노의 강한 에너지가 계속 내 안에 남게 된다. 분노는 증기처럼 증발되지 않는다. 그러기는커녕 언젠가 어떤 방법으로든 표출되고 만다.

화가 났을 때의 자기 행동을 평가하고 그 에너지가 단지 복수를 위해서가 아니라 문제 해결을 위해 사용된다는 점을 확인하는 일은 매우 중요하다. 복수만 생각하는 사람처럼 속박된 존재, 불만족스러운 존재는 없다.

켄은 총을 사느라 돈을 쏟아부었고 사격 연습으로 시간을 보냈다. 언젠가 그 강도와 마주치게 될 때 머리통에 총을 쏘아줄 작정이었다. 그렇게만 하면 다시금 삶이 제자리로 돌아올 것 같았다. 하지만 책임지기보다는 복수에 에너지를 쏟는 기간이 길어질수록 켄은 오히려 자기 힘을 잃어갔다. 아무리 총이 많아졌어도, 사격 실력이 좋아졌어도 소용없었다.

말라는 자신을 보다 솔직하게 바라보고 샘과 모든 남자들을 향한 비난을 중단해야 했다. 샘은 분노로 상황을 악화시킨 데 대해 책임을 져야 했다. 분노를 분노로 받아치던 샘의 초기 반응은 더 큰 상처만 남겼기 때문이다. 우리 중 누구도 상대가 분노를 느끼지 않게 할 수는 없다. 그저 자신의 감정과 대면하여 자기 분노를 효과적으로 사용할 수 있을 뿐이다. 솔직하게 자기가 입힌 피해와 상처를 보상하는 것만이 가능하다.

상처 입힌 사람에게 책임을 묻는 것은 건강한 경계 설정을 위해 꼭 필요한 과정이다. 상처 입힌 사람과의 관계를 재설정하지 않는다면 피해자가 되는 상황이 계속 반복되고 만다. 남을 통제하여 가학행동을 중단시키는 것은 불가능하지만 행동에 책임을 묻고 새로운 경계를 설정하여 자기를 보호하는 일은 가능하다.

관계를 재정립하려면 상대가 내게 어떤 상처를 주는지 인식하고 그 인식을 바탕으로 적절한 경계를 설정해야 한다. 상대와 함께하는 시간이나 공간을 제한할 수도 있고, 아니면 아예 단 둘이 있지 않도록 할 수도 있다. 관계를 재정립하는 데는 경험을 바탕으로 한 지혜가 필요하다. 정의하고 결정 내리는 과정은 스스로 힘을 느끼는 기회이기도 하다.

어떻게 새로운 경계를 설정할 것인가? 전문가의 도움이 필요할지도 모르지만 일단 몇 가지 방법을 소개하면 다음과 같다.

- 언쟁이 지나칠 때는 일단 "여기서 그만!"을 외치고 다시 논의할 시간 과 장소를 정한다
- 과거의 학대 이야기는 상담치료사나 중재자가 있을 때만 하도록 해 비난을 예방한다
- 비난하지 않기, 감추고 싶은 감정 털어놓기, 핵심에서 벗어나지 않기 등 대화의 규칙을 정한다
- 대화 대신 서면으로만 소통한다
- 전화 통화가 가능한 시간을 정한다
- 이사, 열쇠 교체, 법원의 접근금지 명령 등을 통해 거리를 유지한다

감정을 행동으로 바꾸는 일은 긍정적, 치유적일 수 있다. 분노가 특히 그렇다. 가족, 친구, 직장동료 등 일상적으로 접촉하는 사람들에게서 고통을 받는 경우라면 분노의 감정을 행동으로 전환하는 일이 더욱 중요하다. 자신을 보호하고 상처를 치료하기 위해 필요한 단계를 밟도록 하라. 정당한 분노에서 끌어낼 수 있는 에너지를 최대로 끌어올려 반복되는 학대에서 벗어나야 한다.

자기 분노를 통제하지 못하는 사람에게 책임을 물을 때에도 단계를 밟아가는 것이 중요하다. 과거의 상처를 치유하고 현재의 관계에서 피해

를 줄이는 데 도움이 될 것이다. 누군가와 분노를 주고받는 상황이라면 다음의 3단계를 거쳐보라.

책임 묻기 3단계

- **1단계** : 상처 입고 분노를 느꼈던 사건을 써라. 구체적으로 어떤 일이 일어났는가?
- **2단계** : 그 일이 자신에게 어떤 의미인지 써라. 어떤 감정을 느꼈는가?
- **3단계** : 어떻게 보상할 수 있는가? 당한 대로 되갚아주라는 뜻이 아니다. 피해를 복구해 상처가 치유되도록 하라는 의미다.

샘은 잠자리에 들기 전에 분노했던 일을 글로 쓰기 시작했다. 그리고 말라를 비난하는 대신 그 분노가 자신에게 어떤 영향을 미치는지 설명했다. 사랑하는 아내에게 거부당하고 멀어지는 것 같다는 느낌을 털어놓았다. 샘은 분노를 포함해 아내의 어떤 감정이든 받아들일 준비가 되어 있으니 함께 관계 회복의 방법을 찾고 결혼생활을 공고히 하자고도 요청했다.

제대로 통제되기만 한다면 분노는 문제 해결의 에너지를 제공한다. 그러기 위해서는 먼저 관계에서 자신이 느끼는 감정에 책임을 지고 상대 또한 책임을 지도록 해야 한다.

● ● 현재 기분 파악하기

분노나 절망을 느꼈다면 '어떤 일이 떠오르는가?'라는 질문을 던져보라. 외모 때문에 놀림을 받았던 십대 시절이 생각날지 모른다. 누군가의 불쾌한 손길이 기억날 수도 있다. 당신을 멍청하고 추하다고 말했던 목소리가 들리기도 한다. 특정 향수나 비누 냄새가 과거의 학대 경험을 일깨우기도 한다. 이미 다 해결되었다고 생각한 과거의 상처가 갑자기 떠오를 수도 있다. 상처를 치유하지 않았기 때문은 아니다. 새로운 상황과 맞닥뜨리면서 뒤늦게 감정의 앙금을 깨달을 수도 있기 때문이다. 과거의 사건이 떠올랐다면 현재와 그때가 감정적으로 연결되어 있을 가능성도 크다.

분노는 아주 강력한 감정이어서 남들의 분노와 마주치면 자기 안에서도 격한 분노가 일기 쉽다. 화내는 사람 앞에서 마찬가지로 화가 나는 것은 자연스러운 현상이다. 그러나 죄책감까지 느낀다면 시간을 갖고 감정을 분석해보라.

● ● 무의식까지 내려가기

분노는 더 깊은 감정에 대한 반응인 경우가 많다. 분노 뒤에 상처, 두려움, 수치심, 좌절 등이 숨어 있는 것이다. 분노가 습관적으로 나타난다면 다른 감정을 파악하기가 더 쉬울 것이다.

당신의 분노 아래에는 무엇이 있는가? 화난 사람 앞에서 당신이 처음으로 보이는 감정적 반응은 무엇인가? 그 아래에는 무엇이 숨어 있는가?

●●● 내 태도 결정하기

사람들은 중요하다고 생각하는 것에 화를 낸다. 치유와 성장을 극대화한다는 것은 무엇이 중요한지 깨닫고 거기에 가능한 한 많은 에너지를 투입한다는 뜻이다. 무엇에 분노하는지, 분노 뒤에 어떤 감정이 있는지 알았다면 이제 삶에서 중요한 측면을 치유할 최선의 방법이 무엇일지 생각해야 한다. 사람들에게 더 이상 상처를 입히지 않고 자신을 표현해 긍정적인 변화를 일으킬 방법을 찾아라.

●●● 상대에게 책임 묻기

분노한 사람은 남에게 상처 주기 쉽다. 통제되지 못한 분노에 동반되는 거짓힘에 중독되어 항상 화를 내는 사람도 있다. 분노를 통제하지 못하는 사람 곁에 있지만 공간적인 거리를 두지 못할 상황이라면 상대에게 행동의 책임을 물어야 한다. 상처 주는 행동에 대한 책임 말이다. 이를 위해 90쪽의 '책임 묻기 3단계'를 거쳐보라.

이 단계를 밟아나간다면 분노를 통제하지 못하는 상대도 특별히 수치심을 느끼지 않을 것이다. 목표는 상대의 기분을 망치는 것이 아니라 관계를 개선하는 데 있음을 명심하라.

● ● 내 책임 인정하기

누군가 다가와 당신 때문에 상처를 받았고 그래서 몹시 화가 난다고 말한다면 어떨까? 당황스러울 것이다. 말이 오가면서 서로의 분노가 점점 커져 결국 핵심적인 내용을 놓칠 가능성도 높다. 분노하는 상대방의 말을 잘 듣고 정당한 부분에는 동의를 표하라. 일방적으로 당한다고 해서 모든 것을 부정하지는 마라. 맞는 부분은 받아들이고 아닌 부분을 골라내라.

그다음에는 어떻게 할 것인가? 감정에 솔직하면서 건설적인 행동을 취해야 한다. 나름의 경계를 설정하고 그 경계가 침범당하는 경우 알려줄 책임 또한 져야 한다.

● ● 한 발 나아가기

분노는 문제와 직면하도록 만든다. 때로는 문제를 공개하기 위해 분노가 필요한 경우도 있다. 전에는 알지 못했다가 이번에 배운 것은 무엇인가? 머리끝까지 화가 나서 폭발하기 전까지 꽁꽁 숨겨놓고 있던 분노 아래에는 무엇이 있었는가? 분노는 더 깊은 감정에 대해 무엇을 알려주었는가? 어떤 행동을 해야 하는가?

●●● 내 힘 되찾기

분노 아래에 숨은 감정을 밝혀냈다면 '이 문제를 해결하기 위해 나는 어떤 힘을 가지고 있는가?'라는 질문을 던져보라. 힘을 발휘하는 데 필요한 자원은 무엇인지 점검하는 것도 도움이 된다. 이런 과정을 거쳐 원하는 행동을 할 수 있게 될 것이다.

●●● 관계 재정립하기

상대를 앞으로도 계속 만나고 싶은가? 그렇다면 그 관계를 보다 안전하게 재정립할 필요가 있다. 함께 있는 동안 아무도 상처받지 않도록 상황을 재설정하려면 어떻게 해야 할까? 특정 대화는 중재자가 동석한 때에만 하도록 제한해야 할까? 상담치료사나 집단상담의 도움을 받아야 할까? 대화의 기본 규칙을 다시 정해야 할까?

분노를 통제하지 못하는 상대와 대화할 때는 다음과 같은 단순한 세 가지 규칙이 도움을 줄 수 있다.

① 비난 금지: '너' 대신 '나'로 문장을 시작한다. 예를 들어 "너 때문에 화가 나"가 아니라 "나는 화가 나"라고 말하는 것이다.

② 핵심에서 벗어나지 않기: 특정 문제의 해결을 시도할 때 관련된 다른 사건을 들고 나오지 않는다. 한 번에 하나씩만 다룬다.

③ 감정이 먼저, 사실은 나중: 소송에 이기려는 변호사가 된 듯 감정을 뒷받

침하기 위해 사실을 끌어오지 않는다. 솔직한 느낌을 먼저 이야기하라. 그러면 시간이 많이 절약된다.

통제되지 못한 분노는 마약과도 같다. 다른 고통스러운 감정을 피하려고 분노를 동원하다 보면 '분노 중독'에 빠지고 만다. 하지만 마약이 그렇듯 분노 중독도 문제를 해결하기보다는 감춰버린다. 분노 아래 숨은 것을 찾고 수치심을 드러내는 어려운 작업을 해야 한다.

제4장

세 번째 피해자 덫

슬픔

우리 모두는 인생에서 커다란 상실을 겪고 큰 슬픔에 빠질 수 있다.
그러나 이 모든 상실은 지나가는 과정이어야 한다.
슬프지만 다시 몸과 마음을 추슬러 앞으로 나아가야 한다.
하지만 상실을 인정하지 않고 붙들고만 있으면
자신뿐만 아니라 남아 있는 소중한 관계까지 위험에 빠진다.

이혼만 떠올려도 카트리나는 가슴이 미어졌다. 최고의 기쁨이 이제 최대의 슬픔이 되어버리고 말았다. 한때 심장을 뛰게 만들던 마틴이 결혼생활을 산산조각 내버렸다. 카트리나는 외롭고 두려웠다. 그 어떤 것도 지금의 상황을 바꿔놓지 못할 듯했다.

남자에게 버림받은 것이 처음은 아니었다. 사실 지금 뱃속을 찌르는 듯한 이 고통은 어린 시절 아버지가 늦게 데리러 오거나 아예 데리러 오는 일을 잊어버렸을 때 느꼈던 바로 그 아픔이었다. 그럴 때마다 '괜찮아, 금방 오실 거야'라든지 '울지 마. 이제 다 컸으니 이 정도야 스스로 해결해야지' 하는 말을 중얼거리면서 자신을 달래던 것이 어제 일처럼 생생했다. 카트리나에게 인간관계란 늘 불공평했다. 어째서 자기 인생에는 믿을 만한 남자가 없는 걸까?

도움을 줄 만한 사람은 아무도 없었다. 제일 친한 친구인 마라가 연락해왔지만 카트리나는 일부러 피했다. 마틴이 아니라면 누구와도 함께 있고 싶지 않았다. 더군다나 마라는 결혼을 앞두고 있지 않은가. 축복해야 마땅한 그 결혼이 카트리나에게는 자기 이혼을 한층 뼈아프게 각인시켰다. 슬픔에만 빠져 있기는 싫었지만 그렇다고 해서 행복하게 웃는 사람들 틈에 끼고 싶지도 않았다. 마틴과의 이혼을 과연 극복할 수 있을지 알 수 없었다.

이 순간 카트리나를 도울 수 있는 사람은 오로지 한 명, 마틴뿐이었다.

슬퍼해야 마음이 편하다

　사랑하는 누군가가 크나큰 상실로 슬픔을 겪고 있다면 어떻게 하겠는가? 열심히 도우려 했지만 상대가 자기 고통에만 빠져 있어 오히려 모욕감을 느껴본 적이 있는가? 위로하려 했던 상대가 자신을 거부한 적은 없는가?

　애착관계를 맺고 있던 사람이 어떤 이유에서든 곁을 떠났다면 누구나 슬픔을 느낀다. 이별이나 상실은 자연스럽고 긍정적인 삶에도 늘 존재한다. 대학에 진학하면서 집을 떠나면 고향 친구들과 헤어지게 되고 또 승진하면서 다른 곳, 다른 나라로 발령받기도 한다. 반면 '부자연스럽게' 갑작스레 찾아오는 상실도 존재한다. 강도를 당해 부상을 입었다든지 어린 시절의 성적 학대로 천진난만함을 잃었다든지 하는 것이 그 예이다.

슬퍼할 때면 우리는 '신은 왜 이런 시련을 주시는 걸까?'라든지 '내가 이렇게 사랑하는데 어째서 내 곁을 떠났을까?' '세상에 믿을 사람은 한 명도 없는 걸까?' 등의 질문을 던지게 된다. 몹시 가슴 아프지만 자연스러운 질문이다. 그런데 특히 피해자 덫에 걸린 사람들은 상실로 인해 생기는 이런 질문에 비극적, 패배적으로 답하는 경향이 있다. 자신의 슬픔을 제대로 통제하지 못하면 부정적인 결과가 생긴다. 마찬가지로 슬픔을 통제하지 못하는 상대와 관계를 맺으려 할 때도 그 부정적인 결과를 알고 있어야 한다.

상실은 어떤 것이든 받아들이기가 쉽지 않다. 선택해서 일어난 상실, 그래서 통제감을 유지할 수 있는 상실이라면 그래도 감당하기가 상대적으로 쉽다. 장기 유럽여행 중에 가족과 친구들이 그리워졌다 해도 자신이 선택한 여행이었고, 또 원한다면 언제든 돌아갈 수 있으니 그 상실의 고통은 약하다. 하지만 거꾸로 가족이나 친구가 장기여행을 떠나고 혼자 남은 상황이라면 일정 기간 동안 만날 수 없다는 객관적 조건은 같다 해도 상실감은 훨씬 더 클 것이다. 사랑하는 사람을 그리워하는 것에 더해 상황을 바꿀 힘이 없다는 느낌, 버려진 데 대한 자괴감이 보태지기 때문이다. 더 나아가 통제 가능성이 거의 혹은 전혀 없는 상실감은 처리하기가 매우 힘들다. 무력감이 무겁게 덮쳐온다. 고통을 중단시키기 위해 스스로 할 수 있는 일이 하나도 없다는 생각에 사로잡힌다.

카트리나는 슬픔을 점점 크고 깊게 만든 나머지 결국은 자신이 무력하고 사랑받을 가치가 없는 존재라고까지 생각하게 되었다. 자기 능력을 확신하고 새로운 삶을 준비하는 대신 힘을 마틴에게 모두 넘겨준 셈이다. 자기를 행복하게 만들 수 있는 사람은 마틴뿐이고 따라서 마틴이 돌아오지 않는다면 영원히 불행할 거라고 믿었다. 결국 슬픔은 일상이 되고 말았다.

카트리나는 친구의 힘까지 빼앗아버렸다. 오랜 친구인 마라는 카트리나를 도울 준비가 되어 있었지만 그럴 기회조차 없었다. 마라는 우정의 힘을 잃은 셈이었다. 슬픔을 통제하지 못할 때 우리는 자신이나 남들에게 필요 이상의 상실을 안기게 된다. 모두가 함께 고통을 받는 것이다. 카트리나는 마라에게 친구로서의 신뢰를 보여주지 않았고 마라가 위로할 기회도 주지 않았다. 슬픔을 통제하지 못함으로써 마라까지 피해자로 만들었다.

어린 시절에 큰 상실을 겪은 경우 무력감에 빠질 수 있다. 일곱 살에 아버지를 잃고 장례식에서 이제는 그가 가장이라는 말을 삼촌에게서 들었던 제리의 경우를 보자. 제리는 비 오는 10월 오후에 아버지를 묻으면서 자신의 어린 시절까지 함께 묻어버렸다. 가장이 되는 것이 무엇인지 이해하기에는 너무 어린 나이였으므로 삼촌의 말은 그를 혼란과 무력감에 빠뜨렸다. 하지만 어머니와 어린 동생들을 위해 할 수 있는 한 최선을 다했다.

그러면서 제리는 힘든 상황이라면 누군가에게 감정적으로 기댈 수 있다는 믿음을 잃어버렸다. 결국 언제든 가족을 돕기는 했지만 자신은 사랑을 받을 줄 모르는 어른으로 성장했다. 깊은 슬픔과 나약함에 빠져

들까 봐 감정을 표현하지도 않았다. 많은 사람들이 제리를 믿고 의존했지만 사실 그는 내면의 무력감과 슬픔을 감추고 있는 외로운 존재였다.

성인이 된 뒤에 겪는 상실 역시 무력감을 부르고 슬픔을 일상으로 만들어버릴 수 있다. 성공한 변호사인 멜린다는 동료 변호사 그레이디의 강압적인 요구로 성관계를 맺기 전까지만 해도 자신감 넘치고 당당한 여자였다. 그 일이 있은 후 간신히 집에 돌아온 멜린다는 욕실에서 오랫동안 물줄기를 맞으면서 그레이디의 냄새와 손길을 몸에서 씻어내려 했다.

그다음부터 멜린다의 업무 능력에 대해 쑥덕거리는 소리가 나오기 시작했다. 전처럼 고객을 위해 저돌적인 법정 싸움을 벌이지 못했던 것이다. 무슨 일이 있었느냐는 질문을 받으면 그저 웃어넘기고 말았다. 강간당했다는 말은 차마 할 수 없었기 때문이다. 자신을 변호하기는커녕 멜린다는 자신을 무력한 존재로 정의했고 슬픔에 빠져 제대로 행동하지 못했다.

강간과 같은 극단적인 일이 아니더라도 상실 경험은 무력감으로 연결되곤 한다. 한밤중에 지진으로 집이 흔들리면서 깨어났다면 자기 힘에 대한 믿음이 깨질 수 있다. 치밀하게 설계된 댐을 무너뜨리고 건물과 거리를 휩쓰는 수해도 마찬가지이다. 공공치안을 믿지 못하고 총을 사들이는 미국인의 상황도 무력감으로 해석된다. 매일같이 우리는 통제할 수 없는 상실과 대면한다.

슬픔에 용감하고 효율적으로 대처하는 사람은 시간이 지나면서 균형감을 회복한다. 하지만 그 반대라면 무력감이 점점 더 커질 뿐이다.

비현실적인 기대를 갖게 만드는 슬픔

피해자 덫에 갇히면 현실인식 능력이 손상되기 때문에 자신이나 남들에게 현실적인 기대를 하지 못한다. 너무 높거나 낮은 기대를 동시에 하는 것이다.

첫째, 자신에게 너무 많은 것을 기대한다

자기존중감이 낮았던 카트리나는 마틴을 잊고 정상적인 생활로 돌아오는 데 시간이 너무 오래 걸린다고 여겼다. 그래서 자기 감정을 스스로 비난하고 부끄럽게 생각했다. 또 마라가 계속 슬퍼하는 자기 모습을 보기 싫어한다고 오해했다. 마라가 그저 고통을 함께해 주려고 한다는 점을 깨닫지 못했던 것이다.

둘째, 자신에게 너무 적은 기대를 한다

피해자 덫에 걸린 사람들이 다 그렇듯 카트리나는 자신을 무력하다고 여겼고 슬퍼서 그 어떤 책임도 지지 못한다고 생각했다. 자신을 무력하고 불쌍한 희생자로 보는 한 당당하게 해결에 나서는 모습을 상상할 수 없다. 카트리나는 솔직하게 감정을 털어놓고 상담치료를 받으며 항우울증 약을 복용하거나, 외출을 하자는 마라의 여러 제안이 너무 지나친 요구라고도 여겼다.

셋째, 남들에게 너무 많은 기대를 한다

자기존중감이 뒤틀린 상태에서는 자신이야말로 세상에서 제일 불쌍하고 보살핌을 받아야 하는 존재라고 인식한다. 그리고 남들은 자기를 최우선으로 배려하고 고통을 위로해야 한다고 기대한다. 카트리나도 여러 면에서 이런 비현실적인 기대를 했다. 마틴이 자기 행복을 전적으로 결정한다고 믿었고 마틴이 돌아오기만 하면 모든 것이 해결된다고 보았다. 더 나아가 마라를 비롯한 친구와 가족들이 당분간은 자신에게만 전념해주어야 한다고도 여겼다.

남의 감정이나 경험을 무시하거나 과소평가하는 행동은 상처를 입힐 수 있다. 카트리나는 마라가 친구로서 느끼는 무력감이나 우정의 상실감을 무시했을 뿐 아니라 마라가 그런 슬픔을 표현하자 비난까지 했다.

넷째, 남들에게 너무 적은 기대를 한다

슬픔에 사로잡혀 '떠나간 사랑'만이 행복을 돌려줄 수 있다고 믿는 상황에서는 진정한 위로나 배려를 받아들일 수 없다. 마라는 마틴을 돌아오게 하지는 못한다 해도 여러 모로 카트리나를 도울 수 있었다. 우는 친구 곁을 지켜주고 이혼 결심을 격려하고 함께 영화를 보러 가거나 새로 데이트를 시작하도록 지지해줄 수 있었다. 하지만 카트리나는 자기 힘을 모두 마틴에게 넘겨버린 상태였으므로 자신과 친구를 모두 무력하게 만들었다.

슬픔은 지나가는 과정이어야 한다

슬픔은 자연스러운 감정이다. 학대나 상처 경험을 해결하는 데 꼭 필요한 감정이기도 하다. 슬플 때면 마음이 아프고 에너지가 떨어지며 사소한 일로도 눈물이 난다. 건강한 슬픔도 회복되려면 얼마간 시간이 필요하다. 그 기간을 명확히 말하기는 어렵지만 큰 상실의 경우 전문가들은 통상 '2년'이 걸린다고 말한다. 사소한 상실이라면 더 짧을 수도 있다.

그러나 피해자 덫에 걸린 사람에게는 슬픔이 치유 과정에서 거쳐가는 한 단계가 아닌, 계속 이어지는 상태로 고정되어 버린다. 이런 사람은 오랜 시간이 지나도 자기 삶에 별로 관심을 보이지 않는다. 절망감에 사로잡혀 다른 감정을 모두 잃어버릴 수도 있다. 상실을 받아들이지 않고 더 이상 곁에 없는 사람이나 지나가 버린 상황에 매달리는 사람도 있다. 이혼이나 사별, 실직, 화재 등의 사실을 거부한 채 자기 감정만 붙잡고 늘어진다.

슬픔을 이겨내려는 사람들은 '어떻게 내 삶을 다시 만들어나갈 수 있을까?' '친구들은 내게 어떤 도움을 줄 수 있을까?' '현실과 마주하기 위해 해야 할 일은 무엇인가?'와 같은 질문을 던진다. 반면 피해자 덫에 걸린 사람들은 패배적인 질문을 한다. '그 사람 없이 단 하루라도 살 수 있을까?' '왜 내게 이런 일이 일어났지?' '나라는 존재는 이제 무슨 소용이 있을까?'와 같은 질문이다. 고통에 빠져든 나머지 우울증 증세를 보이기도 한다.

우울증과 슬픔은 둘 다 고통스럽고 슬픈 감정이지만 엄연히 다르다. 건강한 슬픔은 눈물이나 대화를 통해 고통이 줄어든다. 시원하게 울어버리고, 친구나 상담치료사에게 고통을 털어놓고 나면 기분이 훨씬 나아지는 것이다. 울기와 털어놓기는 모두 고통스러운 행위이지만 하고 나면 즐거워진다. 물론 한두 번의 솔직한 대화나 눈물이 고통을 끝내준다는 뜻은 아니다. 슬픔을 이기려면 시간이 필요하다. 슬픔은 파도처럼 밀려왔다가 멀어지기를 반복한다. 가끔은 고통이 줄고 서글픈 기분에서 벗어나기도 하지만 다음 순간 다시 상실감에 빠진다. 하지만 울기, 털어놓기, 기도하기를 반복하다 보면 조금씩 고통이 줄어들다가 결국은 슬픔을 잊게 된다.

반면 우울증일 때는 눈물을 쏟아내도 슬픔은 잊히지 않는다. 슬픈 경험담을 말하고 또 말해도 편안함이 찾아오지 않는다. 남들이 어떤 말, 어떤 행동을 하든 효과가 없다.

동료 변호사와 데이트하다가 강간을 당한 멜린다는 슬픔을 통제하지 못한 채 서서히 우울증 상태로 빠져들었다. 일에 대한 자신감이 꺾이고 식욕이 떨어졌으며 잠을 설치고 의뢰인의 말에 집중하지 못하는 상태가 지속되었다. 하지만 전문적인 도움을 받아야 한다는 생각을 하지 못한 탓에 멜린다는 고통에 사로잡히고 말았다. 편두통과 감기 증세로 자주 결근을 했고 친구들, 특히 남자 동료들을 멀리했으며, 주말이면 잠만 잤다. 그러다 결국 사직 권고를 받는 지경에 이르렀다. 전도유망했던 이 젊은 변호사에게 무슨 일이 있었던 것인지 아무도 상상조차 하지 못했다.

카트리나는 마틴을 보내지 않기 위한 방편으로 슬픔에 매달리면서 우울 증세를 보였다. 현실을 제대로 판단하지 못하게 된 카트리나는 자신의 우울증을 과소평가하며 전문적인 치료도 거부했다.

슬픔에 머무르려고 고집할 때 우리 신체에는 극적인 변화가 나타난다. 뇌 속의 화학적 특성 자체가 바뀌는 것이다. 동물 실험 결과에 따르면, 우울한 행동은 적응력을 떨어뜨려 변화된 현실을 받아들이기 어렵게 만들면서 우울증을 더 깊게 만든다. 이는 다시 적응성 저하, 우울성 심화로 이어진다.

병적 우울증은 여러 방식으로 나타난다. 우선 식욕에 영향을 미쳐 체중이 급격히 줄거나 증가한다. 즐거운 일이 없고 스스로 무가치하다고 느끼며 죄의식에 사로잡히기도 한다. 집중력과 사고력이 떨어지고 행동이 굼뜨거나 어색해진다. 이런 상황이 얼마간 지속되면 모든 것에 무감각해지면서 자살 시도까지 하게 된다. 이런 증상들은 반드시 순차적으로 나타나는 것은 아니다. 자살 충동도 언제든 나타날 수 있다.

슬픔을 통제하지 못해 우울증까지 앓게 되었다면 전문적인 치료가 꼭 필요하다. 최근 몇 년간 우울증 치료 분야는 눈부시게 발전했다. 그러니 혼자 우울증과 대면해 싸우려들지 마라. 우울증이 심한 경우에는 친구와의 대화도 별 소용이 없다. 전문적인 상담과 항우울제 처방이 함께 이루어져야 한다.

주변 사람이 단순히 슬퍼하는 것인지 아니면 우울증인지 구분해내기란 쉽지 않다. 통제되지 못한 슬픔은 우울증과 아주 비슷하다. 미심쩍다면 제3자의 의견을 들어봐라. 혼자 판단하기보다는 전문 상담치료사나 의사를 찾아가라. 상대가 자살 충동까지 느낀다면 더더욱 이런 조치가 필요하다. 우울증 상태라면 주변에서 도움을 줄 수 있는 일은 극히 적다. 전문적인 지원을 받도록 권하라.

남아 있는 소중한 관계를 돌아보라

슬픔을 통제하지 못하는 사람은 스스로 무력하다는 결론을 내리기에 인간으로서 자기가치를 폄하할 뿐 아니라 동시에 남들을 비난해 그들까지 고통에 빠뜨린다. 자신은 너무 약하고 무능력해 남들에게 싫은 소리를 해도 별 영향력이 없다고 생각한다. 완전한 실패작인 자신이 어떻게 인간성에서 혹은 전문적인 능력에서 남과 경쟁할 수 있겠는가? 슬픔을 통제하지 못하면 희망에 찬 기대 대신 영속적인 슬픔이 자리잡고 자신감 대신 무가치함을 느끼게 된다.

카트리나의 마음 깊숙한 곳에는 자기가 충분히 사랑받을 가치가 없는 존재여서 마틴이 떠났다는 두려움이 있었다. 마틴이 화를 낼 때마다 자신은 마틴이 사랑할 만큼 훌륭하지 않다는 생각을 해왔던 것이다. 하지만 실상 카트리나는 어느 모로 보나 마틴과 잘 어울리는 짝이었다. 지적으로, 사회적으로, 종교적으로 조화를 이루었다.

카트리나의 잘못된 믿음은 마틴과 만나기 훨씬 전에 생겼다. 카트리나는 어렸을 때 제때 데리러 오지 않고 늘 기다리게 하는 아버지를 보면서 자기는 귀찮은 존재, 아버지의 사업에 비해 덜 중요한 존재라는 생각을 하게 되었다. 아버지의 무책임한 행동은 아버지 자신의 감정적 상처로 말미암은 것이었고 카트리나의 존재 가치와는 전혀 상관이 없었지만, 카트리나는 아버지의 행동을 자신이 책임지려 했고 이후 그 잘못된 결론을 모든 인간관계에 적용시키게 되었다. 통제되지 못한 슬픔은 자신에 대한 그릇된 결론을 유도했고 사랑하는 상대와 성공적인 애착관계를 형성하지 못하도록 방해했다.

우리는 자기가 받았던 부당한 대우나 학대를 남에게 그대로 돌리는 경우가 적지 않다. 눈물 때문에 앞을 제대로 보지 못하는 상태이므로 주변에 입히는 피해도 보이지 않는다. 고통에 기운을 소진한 상태인 만큼 남들 역시 나름의 걱정과 고통이 있다는 생각을 하지 못한다. 더 나아가 피해자 덫에 걸린 상태라면 주변 사람들에게 직접적인 학대 행동을 하면서도 깨닫지 못할 수 있다.

슬픔에 빠진 카트리나는 자신을 존중하지 않듯 친구인 마라도 존중해주지 않았다. 자신이 마라만큼 좋은 사람이 아니라는 남모르는 두려움에 카트리나는 마라의 행복한 부부생활을 비판했고 마라가 찾아오지 못하게 했다. 마라는 친구로서의 자기가치, 나아가 인간으로서의 가치를 인정받지 못하고 거부당했다고 느끼게 되었다.

슬픔을 통제하지 못하는 상대를 대할 때에는 자신이 상처 입을 수 있다는 가능성에도 주의를 기울여야 한다. 상대의 고통을 위로하기 위해 모든 것을 포기하고 자신 역시 욕구를 가진 인간임을 부정해야 할 지경에 이를 가능성도 있기 때문이다.

홀로 있음과 외로움을 구별하지 못하다

활력을 되찾기 위해 혹은 창의성을 계발하기 위해 홀로 있는 시간을 즐기는 사람은 많다. 하지만 버림받아 홀로 남겨졌다는 느낌을 즐기는 경우는 없다. 원치 않는 외로움을 겪을 때 우리는 슬퍼하며 다양한 방법으로 반응한다. 단지 두려워하거나 당황하여 어찌할 바 모르는 사람도 있다. 불안과 좌절, 더 나아가 분노를 느끼기도 한다.

홀로 남겨졌다는 느낌을 피할 수 없는 경험으로 받아들이고 건강하게 대처하는 방법을 학습하지 못한 채 피해자 덫에 걸린 사람들은 슬픔에 빠져 울면서 고통스러운 현실을 밀어내려 한다. 세상을 떠나 다시는 볼 수 없게 된 친구, 파경을 맞은 결혼생활, 성폭행으로 잃어버린 순진무구한 어린 시절, 질병으로 약해진 신체 등, 누군가 혹은 무언가가 사라져 더 이상 손에 잡히지 않는다는 현실을 피할 수만 있다면 뭐든 좋다고 여긴다.

우리는 '홀로 있음'과 '외로움'을 구분해야 한다. 홀로 있음은 일시적으로 남들과 떨어진 상태이다. 건강한 자아와 인간관계 능력을 발달시키기 위해서는 혼자 있는 능력이 매우 중요하다. 남들과 공존하려면 홀로 있을 줄 알아야 한다. 홀로 있으면서 우리는 자기를 더 잘 이해하게 되고 남들과 더 좋은 관계를 맺을 수 있다. 홀로 있음을 두려워한다면 이는 인간관계가 불안정하다는 의미이다. 홀로 있음이 외로움으로 바뀔까 봐 두려워하는 것이다.

외로움은 혼자 동떨어져 있다는 생각에 슬프고 처량한 느낌이 드는 상태이다. 홀로 있음이 건설적인 성찰의 기회가 아니라 거부당하고 외면당하는 고통스러운 경험이 되어버린다. 외롭다고 느끼면 평화롭고 긍정적인 고독의 상태가 유지될 수 없다. 그저 자신이 세상에서 동떨어진 존재로 여겨질 뿐이다.

레베카의 경우를 보자. 레베카는 남들의 시선을 무척이나 의식하는 보수적인 가정에서 자랐다. 늘 깔끔한 옷차림에 예의바른 행동을 하며 눈에 띄는 짓은 절대로 하지 말아야 하는 분위기였다. 부모 형제를 놀라게 하는 상황은 어떻게 해서든 피해야 했다. 성인이 된 후 레베카는 동네의 점잖은 미남 청년과 결혼했지만 행복하다는 생각은 없었다. 하지만 모두들 부러워할 뿐 레베카의 속마음은 알지 못했다. 레베카가 아무에게도 속을 드러내지 않았기 때문이다. 남의 시선을 지나치게 의식하며 자라다 보니 레베카는 내면의 자기 모습에 자신감이 없었다. 그래서 속마음을 드러냈다가는 당장 거부당할 것이라고 두려워했고, 결국 늘 외로움을 느끼게 되었다. 무리 속에 섞여 있든 집에 혼자 있든 모든 사람과 단절된 상태라는 점은 똑같았다. 홀로 있는 시간이 레베카에게는 인간관계의 의미를 성찰할 기회가 되지 못했다. 철저히 외로운 삶이라는 자기 운명을 확인시킬 뿐이었다.

우리 모두는 사랑이 넘치는 안정된 관계를 통해 남들과 애착관계를 맺고 싶어 한다. 이는 자연스러운 본능이다. 안정된 애착관계를 제공하는 부모 아래서 자란 자녀는 그런 관계를 맺을 수 있는 능력을 갖게 된다. 충분히 배려받는 관계를 경험하고 나면 필요할 때 그런 사람이 곁에 있어줄 것이라 믿을 수 있다. 함께 있음이 우리 삶에서 얼마든지 가능한 만큼 홀로 있음은 유익한 시간이 된다.

반면 어린 시절의 애착관계가 불안정했다면 외로움을 느끼면서 인간관계에 만족하기가 어렵다. 레베카나 카트리나 같은 사람들은 인간관계를 불안정하다고 여기기 때문에 홀로 있는 시간에 무력감과 두려움에 사로잡혔다. 피해자 덫에 걸린 사람에게 홀로 있음은 거부당했다는 느낌을 주고 곧 외로움으로 연결되어 버린다. 그러면 단절감을 경험하게 되고 외로움을 피하기 위한 전쟁이 시작된다.

카트리나는 아버지를 통해 불안한 애착 유형을 발전시켰다. 아버지는 예측 가능하지도, 믿을 만하지도 않았지만 가끔 한 번씩은 정성을 보였다. 카트리나가 가장 행복했던 기억 중 하나는 아버지가 여덟 번째 생일선물로 나무 위에 집을 지어주었던 일이었다. 카트리나는 친구들을 그곳으로 불러 함께 놀면서 아버지가 만들어주신 거라고 자랑스럽게 이야기했다. 슬프거나 외로울 때면 혼자 그 집에 앉아 있곤 했다. 그곳이 카트리나를 위로해주는 유일한 장소였다.

어른이 된 카트리나의 무의식에는 남자들이 결국은 자기를 실망시킬 것이라는 생각이 있었다. 데이트를 하면서도 늘 불안하고 두려웠다. 마틴을 만났을 때는 찰싹 달라붙어 사랑을 확인해달라고 압박했다. 하지만 마틴이 어떤 말이나 행동을 하든 카트리나의 불안감은 줄어들지 않았다. 결혼만 해주면 마틴의 사랑에 더 이상 불안해하지 않겠다고 약속했지만 결혼 후에도 의존적이고 믿지 못하는 모습은 여전했다.

퇴근이 늦으면 바람을 피운다고 몰아세웠다. 남편의 주머니, 서랍, 가방을 뒤지며 불륜의 증거를 찾았다. 처음에 마틴은 아내를 안심시키려 해보았지만 카트리나의 의심은 점점 커졌다. 결국 마틴은 아내와 감정적으로 거리를 두게 되었고 직장에서 보내는 시간이 길어졌다. 마틴이 집에 돌아오면 카트리나는 고함을 질러댔고 이는 마틴을 한층 더 멀어지게 만들었다. 침대보다는 거실 소파에서 자는 날이 늘어나더니 결국 마틴은 짐을 싸서 나가버렸다. 버림받을지 모른다는 카트리나의 두려움이 이런 결과를 만들어낸 것이다.

카트리나는 불안애착을 벗어나지 못했고 그래서 사랑과 친밀감을 즐기지 못했다. 불안애착 때문에 제대로 슬퍼하거나, 실수에서 배우거나, 혹은 더 건강한 인간관계로 나아가는 것이 불가능했다. 카트리나는 마틴을 그리워하면서도 비난했고 두 번 다시 남자를 믿지 않겠다고 다짐하며 절망적인 날들을 이어갔다. 마틴이 선물한 옷이나 향수 등을 볼 때면 상실감을 견디지 못하고 울음을 터뜨렸다.

마틴 역시 안정된 애착관계를 형성하지 못한 사람이었다. 마틴의 어머니는 애정공세를 퍼붓다가 다음 순간 고함을 지르는 식으로 감정 표현이 일관되지 못했다. 마틴은 고등학교를 졸업하자마자 어머니 곁을 떠났지만 안타깝게도 카트리나와 결혼하면서 어린 시절의 경험을 반복하게 된 셈이었다. 카트리나 역시 과도하게 애정을 표현하다가도 곧 비난과 분노를 쏟아냈다. 한동안 마틴은 카트리나가 실제로는 따뜻하고 다정하다고, 흥분한 모습은 어쩌다 나타난 것이라고 애써 아무렇지 않은 척했다. 어린 시절, 어머니에게 거리두기 전략을 사용했던 마틴은 아내에게도 마찬가지로 대응했다. 결국 슬픔을 통제하지 못하는 사람과 함께 살면서 마틴 역시 피해자 덫에 걸려버렸다.

표면적으로 보자면 마틴은 이혼에 효율적으로 대처했다. 스스로 선택해 집을 나왔을뿐더러 감정 동요도 거의 없었다. 직장동료들이 별거 사실을 눈치채지도 못할 정도였다. 마틴은 침착하고 조용하게 일에 열중했다. 그는 감정을 겉으로 드러내는 것을 싫어했다. 아니, 감정을 토로하거나 표현하는 것은 고사하고 스스로 느끼는 것조차 주저했다. 마틴은 감정을 차단하고 기계처럼 자동화된 생활을 계속함으로써 상실에 대처했다. 이혼 서류 작성도 거부했다. 상실과 대면하기 싫어서였다. 하지만 고통과 외로움을 피하려 애쓰던 마틴의 이런 전략은 오히려 고통과 외로움을 불러왔다. 부부관계의 문제를 솔직하게 말할 수도 없고, 그에 따라 관계 개선을 위해 어떤 행동도 할 수 없는 옴짝달싹 못하는 상태에 빠진 것이다.

불안애착은 부모와 자녀의 관계에서든 친구나 연인관계에서든 상처와 고통으로 이어진다. 또 슬픔을 다루기 어렵게 한다. 안정된 애착관계에서만 가능한 건강한 자기존중감이 없기 때문이다. 적절한 경계와 진정한 공감은 자기가치를 확신시키고, 연결되어 있으면서도 상호 독립성이 확보된 관계를 만든다. 이런 인간관계에서는 각 개인의 특성이 존중되고 때때로 홀로 있을 수 있는 능력도 갖게 된다. 외롭다고 느끼면 언제든 자기 존재를 반겨줄 사람들이 있기 때문이다. 이런 식의 '관계 속 분리감'은 안정적 애착에서 나온다. 불안정한 감정에서 파생되는 욕구, 즉 너무 가까워야 한다거나 한껏 거리를 두어야 한다는 욕구는 없다. 이 관계에서는 자신을 독립되었으면서도 남들과 연결된 존재로 본다. 남들과 똑같은 모습은 아니다. 하지만 그 남들이 없다면 지금과 같은 자기 모습을 유지하지 못한다.

안정적 애착관계를 형성하던 누군가를 잃어버리면 건강한 슬픔이 찾아온다. 우리는 그 감정이 사랑의 상실에 대한 반응이지 사랑을 되살리려는 시도가 아님을 알기에 슬픔의 과정을 거쳐 지나갈 수 있다. 한편 안정적이지 못한 애착관계가 상실되었다면 제대로 끝내지 못했다는 느낌이 들게 된다. 상대에게서 필요로 했던 것이 무엇인지 밝혀야 할 것 같은 기분이다. 관계 종료를 받아들일 수 없는데 상대에게서 원하는 것을 절대 얻을 수 없다는 사실을 인정해야 하기 때문이다. 그리하여 슬픔의 과정은 질질 끌며 이어진다.

불안정한 애착관계로 슬퍼하는 사람이 '슬픔의 통제 실패'라는 피해자 덫에 걸리지 않기 위해서는 충분한 감정적 지원, 전문가의 도움이 필요하다. 힘든 감정을 처리해줄 자기존중감이 전혀 발달되지 못한 상태라면 상실을 슬퍼하는 데도 어려움을 겪게 된다.

앞으로 나아가야 할 때라고 결심하다

　슬퍼하는 사람을 보면 대다수 사람은 동정과 공감을 표한다. 하지만 스스로 무력하다고 여기는 사람에게 섣불리 다가갔다가는 자신도 상처 입고 상대 또한 더 힘들어질 수 있다. 피해자 덫에 걸린 사람은 감정적인 지원을 제대로 받아들일 줄 모른다. 도움을 주고받으려면 자기 힘을 인정해야 하기 때문이다.

　이런 사람은 우리의 도움을 거절하면서도 동시에 더 많은 도움을 요청한다. 의존적이면서도 다른 한편으로 우리가 애써 해주는 긍정적인 말이나 행동을 거부하는 모습을 보면서 우리는 혼란에 빠지기 쉽다. 상대가 자기 능력을 스스로 확신하지 못하는 한 우리가 할 수 있는 일은 아무것도 없다. 고통을 덜어주려는 노력도, 성심껏 도와줄 자세가 되어 있다는 다짐도 다 허사이다. 위로하려는 노력이 계속 실패로 돌아간다면 그 실패를 자기 책임으로 여길 수도 있다. '어째서 난 좀 더 상대의 기분을 맞춰주지 못하는 거지?' '어떻게 하면 기운을 북돋을 적절한 말을 할 수 있을까?' '내가 좀 더 똑똑하다면 어떻게 해야 할지 잘 알지 않을까?'와 같은 질문을 할지도 모른다. 이는 무력감을 담고 있는 질문들이니 주의해야 한다. 피해자 덫에 걸린 사람을 포함해 모든 사람을 도울 수 있다고 착각한다면 곧 무력감과 패배감을 느끼고 말 것이다.

그럼 어떻게 해야 덫에 걸려들지 않을 수 있을까? 슬픔을 통제하지 못하는 상대를 어떻게 대할 것인가? 무엇보다 상대와 자신에게 현실적인 기대를 가져야 한다.

첫째, 슬퍼하는 사람을 현실적으로 이해하라

상대가 과도한 요구를 해올 수도 있고 아예 거부할 수도 있다는 점을 예상하라. 양극단을 오가면서 온갖 요구를 퍼붓다가 다음 순간 연락을 끊어버리는 사람도 있다. 슬퍼하는 모습에서 무력감을 감지해낼 수 있다면 다음 상황을 예측하는 데 도움이 된다.

마틴과 비슷한 유형이라면 피해자 덫에 걸린 사람과 더 거리를 두어야 한다. 고통의 원천이라는 원망을 듣고 자기 속으로 숨어들 가능성이 크기 때문이다. 마라와 비슷한 입장이라면 상대의 거센 비난에 자주 직면하리라는 예상을 하라.

둘째, 스스로를 보살피고 상황을 정리할 시간을 가져라

자기 감정을 느끼고 치유해야 한다. 슬픔에 놀라거나 당황하지 말고 이를 사랑하는 능력의 증거로 인식해보자. 슬픔은 그 대상이 중요한 의미를 갖는다는 뜻이다. 슬픔은 우리가 과거에 의미를 가졌던 무언가에 작별을 고하는 행위이다. 그 대상은 사람일 수도, 천진무구함, 마음의 평화, 경제적 안정, 신체적 건강일 수도 있다. 꿈을 잃어버린 데 대해, 결국 일어나지 않았지만 일어날 수 있었던 일에 대해 슬퍼하기도 한다. 가져보지 못한 것에 대한 상실의 슬픔도 있다. 슬픔의 핵심은 단순한 '극복하기'를 넘어서 창조적인 변화의 문을 열어준다는 것, 바로 여기에 있다. 우리는 다시 앞으로 나아가기 위해 슬퍼한다. 옛날 것을 흘려보내야 새로운 것을 받아들일 자리가 마련되는 것이다.

셋째, 도움의 손길을 받아들여라

주변 사람들이 고통을 없애줄 수는 없다. 누군가 대신 슬퍼할 수 있는 사람도 없다. 하지만 곁에 있으며 위로를 해줄 수는 있다. 더 많은 감정적 지원을 받을 수 있도록 마음을 열어라.

외로움과 대면하기

『인생 수업』의 저자 엘리자베스 퀴블러-로스(Elisabeth kübler Ross)는 수년의 임상 관찰, 상실을 경험한 수백 명과의 인터뷰를 바탕으로 슬픔의 과정을 거부(부정), 분노, 타협, 좌절(우울), 수용의 다섯 단계로 구분했다. 모든 사람이 순서대로 다섯 단계를 밟는 것은 아니며 한 번 거쳐간 단계로 되돌아갈 수도 있지만, 슬픔에 빠진 사람들은 대개 이런 과정을 거친다.

슬픔은 과정이다. 잠시 느껴졌다가 잊게 되는 단일한 감정이 아니라 단계별 이동을 거쳐 상실을 받아들이는 상태까지 도달하게 되는 것이다. 한번 슬퍼했다고 해서 슬픔에 면역이 생기지는 않지만 슬픔을 제대로 겪고 나면 변화가 일어난다. 솔직하게 슬퍼하면 가슴에 난 구멍이 메워지기 시작한다.

상실을 받아들이지 않으면 어떻게 될까? 카트리나가 바로 그런 경우였다. 슬픔의 종착지인 수용 단계를 카트리나는 끝까지 거부했다. 마틴을 잃어버렸다는 사실을 받아들이지 못했던 것이다. 슬픔에 빠져 있는 동안은 마틴과의 관계가 끝났음을 인정하지 않아도 되었다. 뒤로 돌아갈 수도 앞으로 나아갈 수도 없는 무력감 속에서 카트리나는 슬픔에 파묻혀 버렸다.

그 결과 자연스러운 슬픔의 과정이 억압되었다. 카트리나는 마틴을 떠나보내기 위해 감정적인 청산 과정을 거쳐야 한다는 사실을 의식적으로 인정하려들지 않았다. 자기 감정과 대면하고 싶지 않았으므로 슬픔의 과정은 분노, 좌절, 거부 등으로 나타났다. 카트리나는 그 어느 것도 슬픔이라 인정하지 않았고 결국 혼란을 느끼며 자기 감정의 피해자가 되었다. 그리고 자기가 겪는 고통은 마틴과 다시 합쳐야 한다는 증거라고 해석했다. 이별의 한 과정이라고 이해하지 못한 채 말이다. 카트리나는 그저 무언가 아주 나쁜 상황이라고 느낄 뿐이었다.

이처럼 피해자 덫에 걸려 감정을 통제하지 못하는 사람은 슬픔을 잘못 해석하기 쉽다. 슬픔의 단계들을 거쳐가는 것은 기분 좋은 일은 못된다. 하지만 앞으로 좋은 일이 일어나지 않는다는 뜻은 아니다. 카트리나는 기분이 좋지 않다는 이유로 마틴과의 이별이 나쁜 일, 잘못된 일이라고 여겼다. 슬픔을 완전히 다른, 새로운 관계로 나아가기 위한 계기가 아니라 과거의 방식으로 돌아가야 한다는 신호로 잘못 해석한 것이다.

피해자 덫에 걸리지 않으려면 자기가 가진 힘을 유지하면서 상실감과 대면하는 것이 중요하다. 마라는 카트리나가 전과 달리 마음을 열어주지 않자 이를 명확히 인식했다. 카트리나가 사랑의 상실을 슬퍼하는 것과는 다른 방식으로 우정의 상실을 슬퍼했다. 자기 바람과 달리 카트리나가 만남조차 피하는 상황이었으므로 마라는 무력감을 느꼈지만 이내 친구가 감정을 제대로 통제하지 못한다는 점을 파악했고 그래서 다른 방식으로 접근하기로 했다.

우선 자기부터 도움을 받아 힘을 모으기로 했다. 집단상담에 참여해 슬픔의 과정을 건강하게 극복하려는 다른 여성들을 만났고 새로운 우정도 만들었다. 물론 새로운 우정이 카트리나와의 오랜 우정을 대신할 수는 없었다. 상담을 받는 동안 마라가 카트리나를 버려두었던 것도 아니다. 하지만 새로운 관계를 통해 카트리나와의 관계를 지속할 힘을 얻은 것은 분명한 사실이었다. 집단상담은 마라에게 카트리나의 비난 중 어느 것이 정확한지, 또 통제되지 못한 슬픔에 빠진 카트리나를 어떻게 보살필지 알려주었다.

상실에 효과적으로 대처하는 방식은 다양하다. 마라처럼 집단상담에 참여해 공개적으로 논의할 수도 있다. 슬픔을 통제하지 못하는 상대 때문에 무력감에 빠질 위험이 크다면 개인상담 치료가 필요할지도 모른다. 다른 친구나 가족과 계속 관계를 유지하는 것도 현실감각을 유지하는 데 도움이 된다. 자신에게 슬퍼할 시간, 상황을 천천히 곱씹을 시간을 꼭 할애하도록 하라.

상실을 받아들이는 태도는 치유의 기본이다. 치유는 죽음과 부활이라는 영적 원리와 통한다. 먼저 죽음을, 즉 상실과 슬픔을 경험해야 한다. 그래야 새로운 부활이 가능해진다.

우리는 대부분 부활과 재탄생을 원하면서도 죽음의 과정은 거부한다. 죽음의 과정에는 배신감, 혼란, 분노, 슬픔이 놓여 있다. 십자가에 매달린 예수처럼 '나의 하느님, 나의 하느님, 어찌하여 나를 버리시나이까?'라고 울부짖을지도 모른다. 보호와 위로가 가장 절실한 순간에 어째서 그토록 철저하게 외면당한다는 말인가? 슬픔의 과정에는 이런 고통스러운 질문을 던지고 대답하는 것이 포함된다. 그 대답이 좋든 싫든 간에 말이다.

그러고는 기다리게 된다. 자기내면에서 오는 것이 아닌, 다른 사람들과의 사랑에서 오는 치유를 기다리는 것이다. 그런 깊은 의존 상태를 부정하고 싶은 사람이 많겠지만 인간관계를 배제한 치유나 재탄생은 불가능하다. 우리는 다른 사람을 필요로 한다. 이 점을 인정하기까지 시간이 걸릴 수도 있다. 하지만 기다리는 동안 게으름을 피워도 되는 것은 아니다. 눈물을 흘리고 영혼을 태우는 질문을 던지며 외로움과 대면해야 한다. 그런 끔찍한 경험이나 상실을 겪을 만한 무슨 짓을 저질렀던 것은 아닌지 곱씹기도 해야 한다. 결국 부활이 이루어진다. 대개는 아주 천천히, 엉뚱한 방향을 보고 있는 사이에 말이다. 슬픔을 통제하려면 외로움과 대면하겠다는 결심이 필요하다. 그 결심으로 거부에서 치유로, 고립에서 사랑으로 바뀌는 과정이 시작된다.

니체(Friedrich Wilhelm Nietzsche)는 '가장 강한 인간은 가장 외로운 인간이다'라고 했다. 또 우리는 어린 시절부터 성공하려면 '홀로 정상에 올라야' 한다고, 남들과 유대를 맺지 말라고 배워왔다. 외로움을 전환의 대상으로 파악하는 이런 시각은 외로움을 평생 지고 가야 하는 짐이라고 여기게 만든다. 이런 사고방식은 결국 '외로운 군중'으로 이루어진 사회를 낳았다. 사람들은 친밀감보다는 성취에 집중하고 상실에 슬퍼할 줄 모른다. 남들에 대한 애착은 애초부터 중요하지 않게 여기므로 아예 슬퍼할 이유가 없는 셈이다. 그래서 많은 사람들이 '외로움의 반대는 함께 있음이 아니라 친밀감이다'라는 사실을 잊어버렸다.

홀로 있음을 삶의 건설적인 요소로 바꾸려면 자신을 이해하고 힘든 감정을 견뎌내야 한다. 누군가와 함께 있음과 외로움은 정반대의 개념이 아니다. 남에게 매달리고 의존하는 사람은 언제나 주변에 다른 사람을 두지만 늘 외롭다고 느낀다. 군중 속의 고독이다. 안정적 애착을 형성하는 능력, 인간관계를 사랑과 상호지원의 기회로 보는 능력이 고독을 즐길 수 있는 토대이다. 받는 것이 아니라 주는 것이 변화를 만든다. 사랑은 바깥으로 흘러나가야 한다. 그렇지 않으면 말라 죽어버린다. 홀로 있음을 너무도 두려워하고 서둘러 자신을 방어하려든다면 패닉 상태에 빠질 수 있다. 홀로 있음이 두려움과 연결되면 안정적 애착관계 형성 능력을 잃어버리고 만다.

상실을 인간관계의 성숙 기회로 삼기

현재의 상실과 대면하다 보면 자신의 전체적 인간관계를 평가할 기회가 생긴다. 물론 안정되고 건강한 애착관계를 형성하고 있다면 불안정한 인간관계를 맺은 상태에 비해 슬픔의 과정을 견뎌내기가 훨씬 쉽다. 그러나 상실 경험을 자신에게 중요한 인간관계를 성숙시킬 기회로 삼을 수도 있다. 가족과 안정적인 애착을 형성하지 못하고 성장한 사람이라 해도 성인이 된 후 언제든 더 건강한 관계를 만들 수 있다.

재니스의 경우가 그 예이다. 딸보다 아들을 더 귀하게 여겼던 분위기 때문에 재니스는 어렸을 때부터 부모님과 남자형제 모두에게서 무시당했고 스포츠, 사냥, 낚시 등 가족 나들이 때 혼자 집에 남는 경우가 많았다. 친구도 사귀지 못해 그 결핍으로 식탐을 통제하지 못하게 되었다. 의사는 치료를 받지 않으면 고도비만으로 일찍 죽게 될 것이라고 경고했다.

재니스는 섭식장애자들의 모임에 참여하면서 여러 사람과 고통을 나눌 수 있었다. 몇 년 동안 집단상담이 이어진 후 만나게 된 상담치료사는 재니스가 어린 시절의 방치 경험과 대면하도록 도와주었다. 치료사와 안정적이고 깊은 유대를 형성한 재니스는 건강한 사랑을 경험하기 시작했다. 늘 필요로 했던 것, 자기 곁에 있어주고 자기에게 의미를 부여해주는 사람들을 얻었던 것이다.

재니스는 가족과 접촉을 시도했지만 부모님이나 남자형제들은 전과 달라진 점이 없었다. 그래서 재니스는 나이 든 할머니를 찾아갔다. 양로원에 있는 할머니는 가족들과 거의 만나지 못하고 쓸쓸하게 지내고 있었다. 2년 동안 재니스는 주말마다 할머니를 찾아가 옛이야기를 나누었고 오해를 풀었다.

어느 날 아침 재니스는 할머니가 뇌졸중을 일으켰다는 연락을 받았다. 바로 병원으로 달려간 재니스는 밤새 할머니 곁에 앉아 사랑한다고 말했다. 할머니는 의식을 되찾지 못하고 다음날 사망했다. 재니스는 슬픔에 빠졌지만 그러면서도 할머니가 돌아가시기 전에 해야 할 말을 모두 나누었다는 데 안도감을 느꼈다. 재니스는 아직도 종종 할머니를 그리워하지만 그 슬픔은 견딜 만했다.

재니스와 할머니 사이의 애착은 아주 강력했기에 죽음으로 갈라진 지금도 재니스는 간혹 할머니가 가까이에 계신다고 느낀다. 자랑스럽게 할머니의 보석 장신구를 착용하고 친구들에게 할머니 이야기를 해주기도 한다. 안정적 애착관계는 재니스와 할머니가 감정적으로 친밀하면서도 독립적인 존재로 살아가도록 해주었다. 그 덕분에 할머니의 죽음으로 인한 이별도 견디기가 쉬웠던 것이다.

피해자 덫에 끌려들어가지 않기

슬픔의 피해자 덫에 걸린 사람들은 자기상실로 남을 비난한다. 상대가 하지 않은 일, 했어야 한다고 여기는 일, 당면하고 싶지 않은 감정 등을 이유로 비난하는 것이다. 이 비난에는 눈물이나 격한 감정이 동반되기 쉽다. 상대는 극도의 혼란을 겪으면서 자기존중감까지 상처를 입곤 한다.

그런 경우라면 슬픔을 통제하지 못하는 사람의 비난에 의미를 부여하지 않도록 하라. 극한 고통 때문에 아무나 비난해 고통을 조금이나마 덜려 하는 것이다. 이 사실을 알고 나면 상대에게 동정심이 생길지 모른다. 하지만 동정심 때문에 잘못된 에너지가 입힐 수 있는 피해를 과소평가하는 일은 없도록 하라. 슬픔은 두려움이나 분노 못지않게 강력한 감정이다.

피해자 덫에 걸린 사람들은 시간이 지난 후에도 위기나 상실이 처음 닥쳤을 때처럼 지원과 위로를 받고 싶어 한다. 시간이 흐르면 고통도 줄고 상실을 받아들이는 것이 자연스러운데도 말이다. 슬픔을 통제하지 못하는 사람은 슬픔을 끝내려 하지 않거나 끝내는 방법을 모르는 탓에 끝없이 관심과 배려를 요구한다. 그런 상대 때문에 피해자 덫에 걸려드는 상황이라면 그 현실을 분명히 인식하고 주변의 도움을 받아 힘을 얻어야 한다. 줄 수 있는 것은 무엇이고 없는 것은 무엇인지 명확히 하라. 피해자 덫에 걸린 상대에게는 아무리 많이 주어도 충분치 않다는 점을 기억하라. 어차피 우리는 어느 누구에게도 상대의 고통을 뿌리 뽑거나 완전히 구해낼 능력이 없다.

예를 들어 마라는 카트리나로 인해 무력감을 느끼면서 피해자 덫에
끌려들어가고 있었다. 친구를 위해 자신이 할 수 있는 일이 아무것도 없
다고 깨달은 후 마라는 우선 자신부터 구하기 위해 힘을 모았다. 마라처
럼 슬픔의 피해자 덫에 걸린 사람이 주위에 있다면 스스로를 위한 시간
을 꼭 할애하도록 하라. 피해자 덫에 걸린 사람이 지속적인 관심을 요구
하는 상황이라면 특히 더 그렇다. 지지해주는 주변 사람과 자원을 활용
해 비난을 견뎌낼 수 있는 힘을 키워야 한다.

또 삶을 가능한 한 즐겁게 만들어라. 하고 싶은 일들을 하고 미리 계
획을 세워놓아 늘 내일이 기대되도록 하라. 운동을 하고 잘 먹고 푹 쉬어
라. 슬픔을 통제하지 못하는 상대의 감정적 공격을 막아내야 할 뿐 아니
라 자신도 슬픔의 과정을 거쳐야 할지 모르니 말이다.

● ● 현재 기분 파악하기

현재의 슬픔을 떠올려보아라. 단지 이 슬픔만이 문제인가? 아니면 이 슬픔을 극복하기 힘들게 하는 근본적인 원인이 과거나 어린 시절의 상처와 연결되어 있는가? 현재의 상실을 과거의 고통과 분리하지 않으면 현실을 똑바로 바라보고 실질적인 도움을 얻을 수 없다. 의식적인 차원은 물론이고 무의식에 숨어 있는 상실까지 파헤쳐보라.

과거의 경험이 미치는 영향력을 파악하고 나면 현재의 감정을 있는 그대로 느낄 수 있게 된다. 어린 시절의 상실에서 오는 감정이 큰 반면 현재의 상실은 훨씬 작아 보인다. 지금 여기서 당신이 느끼는 실제 감정은 무엇인가? 슬픔, 분노, 배신감, 후회, 죄의식 중 어떤 감정을 느끼고 있는가?

● ● 무의식까지 내려가기

가장 두드러진 감정이 무엇인지 밝혀졌다면 시간을 갖고 그 고통 아래에 무엇이 있는지 찾아보라. 카트리나는 무력한 슬픔에 빠졌지만 그 아래에는 단 한 번도 대면하지 않았던 외로움이 있었다. 반면 마라는 낙담하고 화가 났지만 그 아래에는 친밀감의 욕구, 거부당했다는 야속함이 있었다. 우리 감정은 층층구조를 가지고 있어 더 많이 탐색할수록 핵심 욕구와 감정에 가까이 다가가게 된다.

●● 내 태도 결정하기

슬픔을 거부하는 내 태도나 행위가 정작 더 큰 슬픔을 불러들이지는 않는지 그 연결고리를 살펴보아라. 비겁하게 회피하고 있었던 진짜 감정과 맞닥뜨리기 위해 창의성을 발휘하라. 도움을 청하라. 자신을 표현하는 새로운 방법을 모색하라.

●● 상대에게 책임 묻기

상처를 준 상대와 마주 앉아 당신의 슬픔에 대해 이야기하고 상대에게 책임을 물어라. 더 이상 모호한 말로 핵심에서 벗어나지 말고 직접적으로 표현하라. 날카로운 말을 하라는 이야기가 아니다. 구체적으로 어떤 일이 있었는지 행위 중심으로 이야기를 나눠라.

당신에게 상처 입히는 사람은 누구인가? 구체적으로 어떤 일이 일어났는가? 당신과 상대 사이에 어떤 보상이 가능한가? 향후에 안정된 애착관계를 이루기 위해 어떤 경계를 설정할 수 있는가?

●● 내 책임 인정하기

어린아이일 때는 스스로 보호할 힘이 약하다. 따라서 어린 시절의 문제를 다룰 때에는 자신이 책임질 부분을 명확히 판단하는 것이 중요하다. 임상 사례를 보면 어린아이들은 너무 많은 책임을 지려 하고 어른들은 책임을 최소화하려는 경향이 있다. 어느 쪽이든 상황이 그렇게 흘러간 것에 대해 당신의 잘못이 없다 해도 그 상태에 머무른 것은 당신 책임이다. 현재의 상실을 현실적인 눈으로 바라보라. 과거에 당신이 했던 어떤 행동이 현재의 상황과 연결되는가? 안정적 애착을 위한 노력을 스스로 어떻게 방해해왔는가? 가진 힘을 제대로 사용하지 못한 채 상처 입고 상실을 겪을 수밖에 없게 된 과정은 어떠했나?

다음으로는 얻은 것을 현실적으로 바라볼 차례이다. 어떤 점에 감사하며 앞으로 나아갈 수 있는가? 과거에 매달리지 않고 좋은 경험이었다고 말하며 작별인사를 할 수 있겠는가? 그렇다면 상황이 나쁘기만 한 것은 아니다. 상실을 받아들이게 된 당신도 나쁜 존재가 아니다.

◉ ◉ 한 발 나아가기

무언가 배울 수 있다면 그 경험은 실패가 아니다. 어린 시절의 경험 때문에 현재를 사랑하고 삶을 즐길 능력이 제한되고 있는가? 과거의 상실이 오늘날 효과적으로 슬퍼하는 능력을 망가뜨렸는가? 더 이상 유익하지 않은 관계나 상황을 붙잡기 위해 고통을 붙들고 있지는 않은가?

고통스러운 경험일수록 거기서 교훈을 얻고 이를 통해 미래에 같은 일을 겪지 않도록 하는 것이 중요하다.

◉ ◉ 내 힘 되찾기

당신 스스로 슬픔을 통제하지 못하거나 슬픔을 통제하지 못하는 상대를 사랑하려 한다면 거기에 과도하게 많은 에너지를 사용하고 있을 것이다. 외로움에 대한 두려움은 다른 모든 감정 에너지를 빨아들이고 차단해버린다. 슬픔의 첫 단계인 거부를 넘어서는 데 마치 블랙홀에 빠진 듯 모든 힘을 빼앗길 수도 있다. 하지만 슬픔을 적절히 통제하면 결국 그 종착점에서는 전보다 더 깊이 사랑할 힘을 얻게 된다. 주변의 누군가가 슬픔 때문에 다른 사람의 욕구나 감정을 보지 못하고 있는가? 그 사람과 당신을 돕기 위해 동원할 수 있는 자원은 무엇인가? 당신이 슬픔에만 잠겨 있는 동안 당신을 사랑하는 누군가에게 혹시 상처를 주고 있지는 않은가?

● ● ● 관계 재정립하기

당신의 삶에도 카트리나 혹은 마라와 비슷한 상황이 존재하는가? 안타까운 마음이 크지만 어떻게 해도 도움을 줄 수 없는 누군가가 있는가? 마라는 집단상담을 통해 자기 힘을 되찾고 카트리나와의 관계에서 한 발 물러나 상황을 객관적으로 파악했다. 우정을 버리는 대신 재정립의 길을 택했고, 그 결과 두 사람은 좋은 친구로 남았다.

명예, 순수함, 경제적 안정, 어린 시절 등 인생의 어느 측면을 상실해 여전히 슬퍼하고 있다면 스스로 자신과의 관계를 재정립해야 할지도 모른다. 홀로 있을 때, 자신을 비난하게 될 때 위로를 얻을 무언가가 있는가? 혼잣말은 어떤가? 혼자 자신과 대면할 때의 느낌은 어떠한가? 필요할 때 스스로에게 더 좋은 친구가 되어주는 방법은 무엇일까?

제 5장

네 번째 피해자 덫

죄의식

인간관계에서 무언가 잘못되었다고 생각하기 시작하면
우리는 죄의식을 느껴 책임을 지고 상대에게 보상하고 싶어 한다.
그러나 죄의식이 지나쳐 거부에 대한 두려움과 거짓된 희생정신이 섞인다면
감정적인 학대의 순환고리인 피해자 덫에 걸려들고 만다.

. . . . .

에드워드는 고대하던 승진 기회를 잡게 되어 기뻤다. 하지만 결국 포기해야 할 거 같았다. 아내 앤이 얼마나 승진을 바라는지 익히 알고 있지만 승진하면 다른 지역으로 옮겨야 했기 때문이다. 그럴 경우 홀로 계신 늙은 어머니는 큰 상처를 받으실 게 분명했다. 어머니가 46년 동안 살아온 집을 떠나게 할 수도 없고, 그렇다고 어머니만 남겨두고 자기 가족끼리 이사하면 이기적인 행동이라 여기실 것이다.

에드워드의 어머니 도리스는 아들이 훌륭한 교육을 받을 수 있도록 모든 것을 희생했다. 남편과 이혼한 후 도리스에게는 오로지 아들뿐이었다. 남편이 떠난 뒤 도리스는 버려졌다는 점, 이혼이라는 불명예를 떠안아야 한다는 점 때문에 바닥까지 떨어졌다. 그러면서 결혼생활에 실패한 자신을 사람들이 거부할지도 모른다는 은밀한 두려움을 느꼈다. 아들은 자신이 사회에 받아들여진다는 상징이었다. '훌륭한 아들을 키운 어머니는 분명 훌륭한 사람인 거야'라고 생각했기에 아들에게 집착하게 되었다.

. . . . .

· · · · ·

　에드워드는 어머니의 불행한 삶에 조금이라도 기쁨을 드려야 한다는 의무감을 느꼈다. 하지만 아무리 노력해도 어머니의 주름진 얼굴은 활짝 펴지지 않았다. 즐거움과 행복을 죄악이라고 믿는 듯했다. 에드워드는 어머니를 사랑했지만 어머니를 보며 자기가 느끼게 되는 감정은 싫었다. 어머니는 늘 아들을 위해 최선을 다하고 있다고 강조하면서 당신의 기대에 부응하기 위해 노력해야 한다고 은근히 부담을 주었다. 항상 아들이 성공한 모습을 보는 것만이 낙이라고 했다. 그러면서도 에드워드가 어머니에게서 떨어져 독립적인 삶을 꾸려가는 것은 달가워하지 않았다. 승진하여 이사하면 어머니를 홀로 두어야 하고 그렇다고 승진을 거부하면 이 또한 어머니에게 반갑지 않은 일일 테니 진퇴양난이었다.

　에드워드는 어머니가 죄의식으로 자신을 통제한다고 느꼈지만 일부러 그런다고는 생각하지 않았다. 어째서 어머니는 자기와 아들의 삶을 이런 죄의식으로 물들인 것일까?

· · · · ·

남을 통제하려는 사람,
기쁘게만 하려는 사람

죄의식은 강력한 감정이지만 오해의 여지가 많다. 죄의식은 사랑에 바탕을 두며 자신의 행동에 책임을 지고 상처 준 사람에게 보상하게 만든다. 반면 통제되지 못한 죄의식은 우리를 먹구름 아래에 가두고 사랑으로 이어질 수 있는 모든 관계에 비를 뿌리는 위험한 힘이 되어버린다.

죄의식의 피해자 덫에 갇히는 길은 두 가지다. 하나는 남을 통제하는 수단으로 죄의식을 사용하는 것(아들과의 관계에서 도리스의 경우), 다른 하나는 남을 기쁘게 하려고 스스로를 죄의식 아래에 두는 것(에드워드의 경우)이다. 우리는 완벽하게 남을 통제할 수도, 기쁘게 만들 수도 없기 때문에 결국은 둘 다 좌절만 낳고 만다.

죄의식은 대단히 강력한 무기다. 상대를 더 잘 대해주지 못하고 실망시켰다는 죄의식은 인식과 행동에 커다란 영향을 미친다. 상대의 불행이 자기 탓이라고 느끼고 통제되지 못한 죄의식을 바탕으로 상대를 기쁘게 하려 노력하게 되었다면 이미 피해자 덫에 걸려든 셈이다.

에드워드는 어머니가 자신을 거부할까 봐 두렵다는 사실을 직시하지 않은 채 그저 어머니를 기쁘게 하려 했다. 늘 착하고 바르게 행동해 어머니에게 칭찬받으려 했다. 무의식적으로 에드워드는 자기만 잘하면 모든 일이 잘 풀릴 거라고 믿었다. 하지만 남들의 기대에 완벽히 부응할 수 있는 사람은 아무도 없다. 그런 시도를 하는 사람은 모두를 죄의식의 순환 구조에 가둘 뿐이다. 죄의식이 제대로 통제되지 못한 인간관계는 진정한 용서, 화해, 성장의 길로 나아가지 못한다.

죄의식은 오히려 자기 힘을 강하게 느낄 때도 나타난다. 과거에 거부당하면서 겪었던 고통이 두 번 다시 없으리라는 환상을 만들고 최악의 상태까지 떨어졌으니 앞으로는 실패하지 않는다고 믿는다. 다음번에 더 노력하기만 하면 남들을 실망시키지 않을 것이라 믿어버린다. 하지만 이는 거짓힘으로 무력감을 가릴 뿐이다.

도리스도 자주 이런 덫에 빠져 '이렇게 했어야 했어'라든지 '그걸 알았어야 했는데' 혹은 '다음번에는 틀림없이 이렇게 할 거야'와 같은 혼잣말을 하곤 했다. 남을 기쁘게 하려는 노력이 실패하여 무력감을 느낄 때 하는 말들이었다. 하지만 아무리 노력해도 도리스는 인생을 결정지은 사건인 이혼의 영향에서 벗어날 수 없었다. 이혼을 자기 존재에 대한 거부로 인식한 도리스는 다른 사람에게서도 거부당하지 않기 위해 남들에게 자신이 어떻게 비춰지는지 신경을 쓰게 되었고 아들을 훌륭히 키워 인정받겠다는 생각에 집착했다. 하지만 아들이 그 어떤 성취를 이루더라도 도리스는 만족할 수 없었다. 거부에 대한 두려움이 외부가 아닌 자기 내부에서 기인했기 때문이다.

도리스처럼 우리도 남들의 반응을 두려워하며 반복적으로 좌절감을 맛볼 수 있다. 그러면 통제되지 못한 죄의식을 통해 이런 두려움을 지우고 싶다는 생각에 피해자 덫에 걸리기도 한다.

거짓 일체감에 집착하다

통제되지 못한 죄의식의 피해자 덫에 걸린 사람은 일체감에 아주 높은 가치를 부여한다. 하지만 표면 아래로 들어가 보면 무력감과 거부에 대한 두려움이 근본동기이기 때문에 상호 만족한 관계를 맺기 어렵다. 이런 사람들은 '좋게' 보이는 데만 집착하며 주어진 상황에서 남들과 일체가 되어 최선을 다한다는 착각에 빠져 있다. 스스로 중요하다고 여기는 무언가에 책임을 다한다는 심리적 가면 뒤에 숨는 셈이다.

도리스가 아들을 죄의식으로 조종했던 이유도 사실 이혼에 대한 남모르는 자신의 죄의식이 컸기 때문으로, 그래서 남들의 인정을 받기 위해 최선을 다한 것이다. 도리스와 같은 사람은 무언가를 얻기보다는 회피하기 위해 애쓴다. 두려움을 바탕으로 한 죄의식은 책임감으로 위장되어 있지만 실은 자기보호의 한 방법이다. 정말로 남을 배려하기보다는 거부당하는 고통에 대해 안전망을 치는 것이 더 큰 관심사이다.

죄의식을 지우기 위해 도리스는 '슈퍼맘'이 되었다. 아들의 보이스카우트 활동에 자원봉사를 하고 아들 친구들을 위해 과자를 구워 학교에 가져갔으며 아들의 공부를 도왔다. 그러나 아들이 독립적인 개인으로 성장하도록 돕는 대신 아들의 성공이 자기를 돋보이도록 만들어야 한다고 여겼다. 아들이 독자적인 결정을 내리거나 자기를 빼고 행동하려들면 도리스는 크게 상처를 받았고 "그래, 엄마 없이 어디 한번 해보렴. 난 여기 그냥 혼자 있어도 괜찮다"라는 말로 아들이 죄의식을 느끼도록 만들었다. 어렸을 때 에드워드는 그런 어머니에게 복종했고 어머니 없이 무언가를 할 때면 나쁜 짓을 하는 듯 느꼈다.

성인이 된 후에도 에드워드는 자신을 조종하려드는 어머니 때문에 계속 고통을 겪었다. 도리스는 아들에게 자주 전화를 걸어 한 주에도 몇 번씩 찾아오라고 했고 주말이면 함께 시간을 보냈다. 교회 친구들에게 에드워드가 얼마나 효성이 지극한지 자랑했다. 이렇게 자주 만나니 모자 관계가 아주 친밀하겠다고 생각할지도 모르겠다. 하지만 도리스는 아들과 진정한 친밀감을 형성하는 대신 거부감을 회피하는 데 급급했다. 솔직하게 고통을 털어놓는 대화 대신 도리스와 에드워드 모자는 '다 괜찮다'는 식의 말만 주고받았다.

통제되지 못한 죄의식의 또 다른 결과는 완벽주의이다. 완벽주의자는 올바른 행동을 하는 데 초점을 맞추기보다 잘못된 행동을 할까 봐 두려워한다. 도리스는 실수를 하지 않기 위해 엄청난 에너지를 쏟았다. 무척이나 소모적이고 피곤한 노력이었다. 눈곱만한 비판이라도 나오면 도리스는 자기 모습에 의혹을 품었다. 어떤 실수든 자기가치를 위협할 수 있었으므로 충분하다고 생각하며 일을 마무리할 수 없었다. 언제 아차하는 실수로 자기가 남편에게 버림받을 만한 여자라는 점이 만천하에 드러날지 몰랐기 때문이다. 더 잘할 수 있었던 일, 걱정해야 할 일은 늘 넘쳐났다.

도리스가 지나친 죄의식을 느꼈다고 해서 자기 행복에 필요한 책임을 졌다는 뜻은 아니다. 피해자 덫에 걸린 사람도 모든 상황이 올바로 돌아가기를 진심으로 바랄 수는 있다. 하지만 통제되지 못한 죄의식 때문에 진정한 책임을 이해하지 못하게 된다. 성장과 친밀감에 필수적인 고통을 제대로 대면하지 못하고 그저 회피하려는 의도로 움직이기 때문이다.

'훌륭해지면 고통도 없을 거야'라는 믿음을 바탕으로 도리스는 어머니로서의 자기 모습이 누구의 눈에도 실망스럽지 않기를 바랐다. 사람들이 아들을 인정하면 자기도 사랑받을 것이고 그러면 행복해질 것이라 믿었다. 그러나 도리스는 그런 계획이 결국 실패할 수밖에 없다는 것을 깨닫지 못했다. 도리스의 행복 계획은 무력감에 근거했기에 결국 에드워드의 행동을 통제할 때에만 행복했던 것이다. 사랑을 토대로 하는 건강한 마음은 죄의식을 통해 후회, 사과, 회복과 해결을 이룬다. 하지만 피해자 덫에 걸려든 상태라면 죄의식이 양심이 아니라 두려움에 바탕을 두기 때문에 신뢰할 수 없게 된다.

에드워드처럼 우리 역시 죄의식에 바탕을 둔 관계를 맺고 있다면 어떻게 해야 할까? 나를 조종하려드는 죄의식에 대항하기란 무척이나 어렵고 때론 무섭기까지 하다. 죄의식을 바탕으로 하는 인간관계에서는 감정적 거리가 절대 줄어들지 않는다. 관계를 발전시키고 치유할 동기도 상실된다. 어떻게 해서든 인정받고 싶은 상황이라면 받아들여지지 않을 것 같은 감정은 아예 표현조차 못하게 된다. 에드워드는 어머니가 부를 때마다 찾아갔지만 어머니 곁에서 안정감도, 감정적 유대를 느낀 경험도 없었다. 자기가 어머니에게 중요한 존재라고는 하지만 소중하게 여기는 느낌은 받지 못했다. 그는 유용할 뿐 귀중하지는 않았다. 통제되지 못한 죄의식은 이해하고 반응하는 데 너무도 많은 에너지를 소모하도록 만들기 때문에 점차 남에게 올바로 반응하는 능력이 손상된다.

죄의식을 느끼지 않는다는 죄의식

통제되지 못한 다른 감정과 마찬가지로 통제되지 못한 죄의식도 우리를 과거의 나쁜 경험에 매달리게 만든다. 감정적 구속에서 해방되고 싶어도 죄의식은 벗어나고 싶었던 바로 그것에 우리를 묶어버리고 만다.

때로 통제되지 못한 죄의식은 강박적으로 과거 상황을 수없이 되살리며 다른 결과를 상상하게 만든다. 미래의 변화는 일어나지 않았어야 했을 과거의 사건에 가로막히고 만다. 도리스는 이혼에 대한 강박 때문에 끊임없이 이혼 전후 시점을 돌이켜보았다. 과거를 놓아버릴 수 없는 어머니는 아들 에드워드의 미래에 장애물로 작용했다. 어머니가 죄의식으로 그를 통제하는 한 에드워드는 감정적으로나 신체적으로 미래를 향해 나아갈 수 없었다.

우리도 죄의식에 싸인 과거에서 벗어나려고 발버둥치면서 발목을 잡힐 수 있다. 20대 후반의 스탠은 1년 넘도록 사귀었던 티나와 헤어진 데 죄의식을 느끼며 상담을 하러 왔다. 사귀기 시작한 초기에 티나는 힘들었던 어린 시절에 대해, 그리고 절실히 필요했던 시점에 자기를 버린 남자들에 대해 이야기했다. 스탠은 자기는 다르다며 티나가 과거의 상처를 치유할 수 있도록 돕겠다고 맹세했다. 하지만 아무리 노력해도 스탠이 자기를 버릴 것이라는 티나의 두려움은 사라지지 않았다.

스탠은 연애 시절 내내 티나에게 충실했지만 티나는 스탠의 관심이 부족하다며 눈물을 펑펑 흘리고 원망했다. 그릇을 내던지고 몇 시간씩 우는가 하면 스탠이 떠나면 자살해버리겠다고 위협했다. 그 죄의식과 감정적 협박을 더 이상은 견디지 못하게 된 스탠은 결국 관계를 정리하고 말았다. 하지만 스탠은 여전히 자기가 '더 좋은 사람이 되어 티나가 원하는 만큼의 사랑을 줄 수 있었으면' 하는 희망을 버리지 못했다.

죄의식은 우리에게 가장 익숙한 감정이기 때문에 우리 역시 스탠처럼 과거의 죄의식에 묶이기 쉽다. 죄의식을 느끼지 않으면 충분히 책임을 지지 않는 듯 여겨지는 것이다. 죄의식을 느끼지 않는 데 대한 죄의식은 결국 통제되지 못한 죄의식으로 이어진다.

늘 거부당할까 두려워하며 살다

통제되지 못한 죄의식은 선별적이다. 처벌받을지 모른다는 두려움에는 대단히 민감하지만 남들에 대해서는 민감하지 않다. 피해자 덫에 걸린 사람은 거부당할 것을 두려워하기에 진정으로 사랑을 주거나 귀를 기울이지 못한다. 인간관계의 문제를 해결해나가는 능력도 제한적이다. 또 다른 잘못을 저질러 죄의식을 더하게 될까 봐 두렵기 때문이다. 에드워드는 처음에는 어머니 때문에 상처받았지만 결국에는 가족까지 피해자로 만들었다.

도리스와 에드워드는 모두 죄의식에 통제당하게끔 자신을 방치했고 진정한 책임을 회피하는 데만 노력을 쏟았다. 도리스에게는 아들을 독립시킬 책임이 있었지만 끝까지 집착하면서 아들이 자기 가족에게 할애해야 할 시간과 에너지를 빼앗았다. 어머니의 지나친 요구 때문에 에드워드는 아내와 아이들을 실망시켜야 했다. 아들의 피아노 연주회를 보러 떠나려는 순간 어머니가 전화해 고장난 가전제품을 고치러 오라고 한 일도 있었다. 어머니 집의 거실을 재단장하는 데 돈을 너무 많이 쓴 탓에 딸아이를 여름방학 캠프에 보내지 못하기도 했다.

아내 앤은 에드워드의 무심함에 깊은 상처를 받았고 더 이상 남편을 사랑하는지도 알 수 없었다. 최소한 신뢰하기는 어려웠다. 앤은 남편의 무수한 변명에 넌더리가 났다. "어머니는 늙으셨잖아" 혹은 "곁에 아무도 없이 나 혼자뿐인데 어머니를 버리고 모른 척하란 말이야?" 등등. 앤과 아이들이 도리스의 지나친 요구나 에드워드의 무심함에 고통을 겪을 때면 에드워드는 가족을 이해하거나 행동을 바꾸는 대신 어째서 그런 상황을 참고 받아들여야 하는지를 설명했다. 불행하게도 모자는 꼭 닮은 모습이었다. 에드워드는 어머니처럼 가족을 죄의식으로 통제하려들었다.

"어떻게 너희들은 그렇게 이기적이니? 너희는 젊고 강하지만 늙으신 할머니는 혼자시잖아. 그러니 징징거리지 않으면 좋겠구나."

아이들에게 이렇게 말하거나 자기를 지지해주지 않는 가족에게 실망하기도 했다. 자신은 어머니를 위해 온갖 희생을 마다하지 않는 진정 훌륭하고 책임감 있는 사람인데 말이다.

'어째서 칭찬은 못할망정 불평만 늘어놓는 것일까?'

어머니에 대한 통제되지 못한 죄의식 때문에 에드워드는 아내에게는 죄의식을 느끼지 못했다. 피해자 덫에 걸려 죄의식을 통제하지 못하는 상태에서는 자기가 남에게 주는 상처에 진정한 죄의식을 느끼지 못한다. 에드워드가 책임을 인식했다면 어머니로 인한 거짓 죄의식보다 아내에게 죄의식을 느껴 관계를 개선시키고 결국 어머니와의 관계도 건설적으로 만들 힘을 얻었을 것이다. 하지만 두려움에 바탕을 둔 죄의식은 문제해결 능력을 제한했고 점점 더 강하게 피해자 덫에 걸려들게만 했다.

에드워드와 도리스는 가식과 위장에 빠져 있었다. 도리스의 통제되지 못한 죄의식은 아들과의 관계가 진실로 어떠한지 알 수 없게 만들었다. 모자 관계는 활력을 주는 대신 빼앗았다. 도리스는 늘 몸이 좋지 않았는데 도대체 그 이유를 알 수 없었다. 무겁고 우울한 기분이 아들을 돌봐야 했던 책임감의 결과라고 본 도리스는 스스로를 고통받는 성녀라고 여겼다. 에드워드 또한 사사건건 통제하려는 어머니의 태도와 부정적인 태도, 완고함을 착한 사람이 힘든 삶을 살며 늙어버린 후 나타나는 특징이라고 보았다.

"어머니는 한번도 마음 편한 적이 없었어. 좀 더 이해해드려야 해."

그는 아내에게 입버릇처럼 말하곤 했다.

에드워드처럼 그 어떤 가혹한 처벌이든 감내해내는 것으로 자기 힘을 증명하려는 남자도 있다. 하지만 통제되지 못한 죄의식으로는 아무것도 증명할 수 없다. 자신이 강하다는 증명이 아니라 약하게 보이지 않으려는 발버둥에 불과하다. 자기방어 행동을 하지 못했다는 데 추가적인 죄의식을 느끼기도 하지만 어떻게 자기를 더 잘 보호할지는 알지 못한다.

죄의식을 제대로 통제하지 못하면 표면적인 이해와 공감에 만족하게 되어 속을 털어놓을 능력이 없어진다. 불편한 대화는 가능한 한 빨리 끝내려고 한다. 그 불편함이 내면 깊숙한 곳을 건드려준다 해도 말이다. 인간관계에서 무엇이 정말로 문제인지 이해하기보다 그저 고통을 회피하려고만 하면서 우리는 죄의식 통제에 실패하고 그 근원을 바라보지도 못하게 된다.

도리스는 아들과의 관계에서 주된 동기가 죄의식이라는 점을 털어놓을 수 없었다. 그건 자기가 나쁜 짓을 저질렀다는 인정이 되고 그랬다가는 아들이 자기를 더 이상 보고 싶어 하지 않을 것이라 믿었기 때문이다.

에드워드 역시 그저 어머니가 하는 요구라면 아무리 무리라도 받아들여야만 한다고 여겼다. 그것이 모자관계를 굳건히 하고 어머니에게 진정한 애정을 드러내는 길이라고 믿었기 때문이다. 아버지가 그랬듯 책임을 버리고 달아나는 남자가 된다면 그건 스스로 절대 용서할 수 없는 일 같았다.

도리스와 에드워드는 사랑하는 사람에게 부정적인 영향을 미치며 비극적으로 살았다. 우리 역시 언제 이런 잘못된 죄의식의 덫에 걸려 자녀나 배우자, 친구들에게 피해를 입히게 될지 모른다.

거부에 대한 두려움이
죄의식으로 나타나다

　통제되지 못한 죄의식은 삶에서 진정 중요한 문제에 관심을 기울이지 못하도록 방해한다. 죄의식의 피해자 덫으로 이끄는 두려움은 딱 하나, 거부당할지 모른다는 감정이다. 기본적으로 스스로 무력하다고 믿기 때문에 언제든 주변 사람들에게 버림받을 수 있다는 두려움에 시달린다. 진정 사랑받을 수 있음을 믿지 못한 채 거부당할까 봐 두려워하고 그 결과 남들이 나를 사랑하게끔 행동하려 애쓴다.

　사실 거부에 대한 두려움은 누구에게나 있다. 혼자 내쳐지고 싶은 사람은 아무도 없다. 그래서 대다수 사람들은 거부당하는 고통에서 자신을 보호하기 위해 나름의 노력을 다한다. 도리스의 삶도 바로 그런 노력 자체였다. 평생에 걸친 자기희생을 견뎌낼 수 있었던 동력은 바로 거부에 대한 두려움이었다.

거부에 대한 두려움으로 나타난 죄의식이 늘 이해하기 쉬운 것은 아니다. 아들에 대한 어머니의 애정은 그 자체로 극히 자연스러워 표면적으로는 도리스의 행동 이유가 분명하지 않다. 아들 에드워드와의 관계에서 도리스가 보이는 행동의 동기는 표면 아래 깊숙이 숨어 있었으므로 치밀한 분석이 필요했다. 아들을 자주 만나려고 불러대는 행동은 사랑하고 사랑받는 관계이기 때문인가, 아니면 아들의 사랑을 잃을지 모른다는 두려움 때문인가? 아들의 성공과 성취를 독려하는 것은 아들을 위해서인가, 아니면 아들의 성공으로 남들에게 인정을 받기 위해서인가?

감정을 제대로 통제하지 못한다면 솔직할 수 없다. 자기가 어떻게 느끼는지 진실을 알고 싶어 하지 않고 남들도 모르기를 바란다.

거부는 명시적일 수도, 암묵적일 수도 있다. 명시적인 거부는 누구에게나 분명하다. 어머니가 아이를 버리는 것, 퇴근하고 돌아와 보니 아내가 집을 나가버린 것, 친구가 전화를 받지 않고 편지에도 답장하지 않는 것 등이 명시적인 거부다. 이런 거부는 삶에서 가장 고통스러운 경험 중 하나이다.

암묵적인 거부 역시 마찬가지로 고통스럽지만 간접적인 행동이나 모호한 맥락에서 나타나기 때문에 알아내기가 힘들다. 버림받았다고 느끼면서도 정말로 거부당한 것인지 아닌지 혼란을 느낄 수도 있다. 암묵적 거부의 예로 자녀를 과잉통제하는 부모가 있다. 표면적으로는 자녀의 행복에 관심이 아주 큰 것처럼 보인다. 하지만 지나치면 자녀의 영혼을 파괴하고 자녀가 자신을 무가치한 존재로 느끼게 만들고 만다. 과잉통제는 통제 대상의 가치를 평가절하한다. 적절한 한계 설정은 자녀의 발달을 돕지만 강압적인 한계 제시는 성장을 방해하는 암묵적 거부다.

암묵적 거부의 또 다른 사례는 자녀에게 무제한의 자유를 주는 부모이다. 이 역시 표면적으로는 자녀를 믿기 때문으로 보인다. 규제나 제한으로 자녀를 압박하지 않는 너그러운 부모 말이다. 하지만 이 역시 좋지 않다. 제한 없는 자유가 주어질 경우 자녀는 자기가 무슨 행동을 하든 누구도 상관하지 않는다는 생각을 하게 된다. 그 생각은 더 나아가 자기는 아무에게도 중요하지 않다는 느낌으로까지 이어진다. 아무런 한계도 설정하지 않는 부모는 '난 관심이 없다'라는 메시지를 전달하는 셈이고 이 또한 암묵적인 거부가 된다.

어머니가 가출한 후 아버지와 나이 많은 형들 손에 키워진 보비의 경우가 그러했다. 아버지와 형들은 자기네 일로 바빴고 보비는 언제든 원하는 대로 지낼 수 있었다. 부모 노릇이 무엇인지 잘 몰랐던 아버지는 어린 아들을 어떻게 돌보고 훈육해야 할지 알지 못했다. 그저 아들이 알아서 제 앞가림을 할 것이라 생각했고 필요한 게 있으면 얘기하겠거니 여겼다. 아버지 입장에서는 애정과 신뢰의 표시였을지 몰라도 보비 입장에서는 그렇지 않았다. 늦잠을 자고 결석해도 식구들은 아무도 눈치채지 못했다. 숙제를 하지 않아도 문제가 없었다. 마약에 손을 댔을 때도 마찬가지였다. 친구들 틈에서도 보비는 늘 외로움을 느꼈다. 결국 보비는 경찰서를 들락거리기 시작했다. 그때서야 겨우 아버지의 관심이 돌아왔다. 하나뿐인 부모에게 자기가 의미 있는 존재임을 느낀 것도 그때뿐이었다.

아이가 암묵적인 거부를 경험하는 경우는 이밖에도 많다. 부모가 죽거나 이혼했을 때, 너무 바빠 관심을 기울이지 못할 때 등등. 부모의 의도는 그게 아니었을 것이다. 자녀를 진정 사랑하지만 다른 일에 정신이 팔려 있었거나 그저 자녀의 마음을 헤아리지 못했을 뿐인지도 모른다. 의도적이든 아니든 자녀는 이런 암묵적 거부에 상처를 받는다. 이런 아이가 자라 어른이 되면 명시적 혹은 암묵적 거부에 맞서 자기를 방어하는 데 급급하여 친밀감을 형성하지 못한다. '훌륭한' 행동으로 사랑을 얻으려고만 하는 것이다. 과거의 상처를 치유하고 현재를 충분히 누리려면 거부에 대한 두려움에 맞서고 죄의식을 효율적으로 다뤄야 한다.

있는 그대로의 자신을 받아들이다

제대로 통제되기만 하면 죄의식은 관계가 더 안정되고 친밀해지도록 돕는다. 사랑에 근거한 죄의식은 솔직할 수 있는 용기와 용서하고 화해할 수 있다는 희망을 안겨준다. 또한 관계에서 힘의 균형에 작용하여 거부당할지 모른다는 두려움에 사로잡힐 가능성을 줄어들게 한다. 두려움으로 남을 통제하려는 시도도 하지 않게 된다.

도리스는 죄의식을 잘못 사용해 에드워드를 독점하였고 이로 인해 에드워드는 아내 앤과 자녀들에게 상처를 주는 일방적인 의사결정을 하게 되었다. 어느 날 앤은 괴로운 상황에 종지부를 찍기로 결심하고 이혼을 요구했다. 에드워드는 충격을 받았다. 자기는 애정이 넘치는 훌륭한 사람이라고 믿어왔던 것이다. 가족을 잃게 될 위협에 당면한 에드워드는 그때서야 부부상담을 받겠다고 동의했다.

에드워드는 몇 달 동안 상담을 받으면서 어머니와의 관계에서 자신이 제대로 힘을 발휘하지 않았다는 사실을 깨달았다. 아내와 자녀에게 크나큰 고통을 안겨주었다는 점도 알게 되었다. 이렇게 깨달았으니 모든 일이 해결되었다고 말할 수 있다면 좋겠지만 오래 지속되었던 피해자 됨 관계를 재조정하는 일은 대단히 어렵다. 일단 에드워드는 승진을 받아들여 이사를 하기로 결정했다. 어머니는 충격을 받았고 울면서 간접적인 비난을 퍼부었다. 전문 치료사와 아내의 도움이 없었다면 버텨내기 어려운 감정적 부담이었다. 이사한 후에는 남자들만 모이는 집단상담에도 참여해 자기 힘을 되찾는 데 도움을 받았다.

가장 어려웠던 일은 어머니가 아들이 자기를 버렸다며 강요하는 죄의식을 다루는 것이었다. 자녀가 성장하기를 원하지 않는 부모 아래에서 아이는 어른이 되는 일이 마치 부모를 배신하는 것인 양 느끼게 된다. 에드워드는 어떻게 해도 어머니의 비난을 멈추게 할 수 없었다. 대신 죄의식을 자극하는 어머니의 비난을 참아 넘기고 영향받지 않는 법을 익혔다.

거리는 멀어졌다 해도 에드워드는 계속 어머니에게 관심을 기울였고 정기적으로 찾아갔다. 오래된 습관이 사라지고 새로운 관행이 자리잡으려면 시간이 필요하다. 한동안은 도리스의 괴롭힘이 이어졌다. 며칠 내내 우는가 하면 몸 여기저기가 아프다고 하고, 곤란한 시간에 전화를 걸어 불러대기도 했다. 하지만 에드워드가 꿈쩍도 않자 도리스도 다른 곳에 관심을 돌리기 시작했다. 여전히 아들에게 불평이 많기는 해도 친구도 사귀고 여행 모임에도 가입했다. 가끔씩 여행지에서 아들에게 엽서를 보내기도 했다. 에드워드는 어머니의 엽서를 사무실 벽에 꽂아두고 그것을 보며 자기 힘을 되찾는 과정이 고통스럽기는 했어도 결국 관계 개선에 긍정적이었다는 점을 되새겼다.

통제된 죄의식은 개성을 존중한다. 다른 누구도 아닌 자기 자신이 될 수 있도록 하고 개성 때문에 거부당하지 않으리라는 확신을 안겨준다. 개성은 사람마다 다르지만 그 차이가 갈등으로 이어지지는 않는다. 차이 때문에 상처를 입는 경우도 있다. 하지만 통제된 죄의식은 인간관계가 그런 문제를 충분히 극복할 만큼 탄탄하다는 확신을 갖게 한다.

진정한 일체감 찾기

성숙한 인간은 자신과 남들에게 현실적인 기대를 갖는다. 우리가 아무런 실수도 저지르지 않고 누구에게도 상처를 주지 않고 살아갈 수 있으리라는 기대는 비현실적이다. 우리는 모두 살면서 어딘가에서 상처를 받고 의도하든 않든 남에게 상처도 준다. 이 진실을 받아들여야 자기나 남이 설정한 기대에 미치지 못했을 때 찾아오는 죄의식을 제대로 통제할 수 있다.

실패도 하고, 사랑하는 사람에게 상처도 줄 것이라는 점을 안다면 완벽해야 한다는 거짓 희망에서 자유로워진다. 망설이며 사랑을 주저하거나 남들의 처벌을 두려워하며 살 필요는 없다. 어차피 어려움이 닥쳐오고 오해가 발생하며 실망은 피할 수 없기 때문이다. 거짓 일체감은 아무런 잘못도 저지르지 않고 살 수 있다는 환상을 낳지만 진정한 일체감은 잘못된 상황도 해결하고 극복하도록 만든다.

그렇다면 자기 행동이 어떤 피해를 입히는지 걱정할 것 없이 마음 내키는 대로 살면 되는 것일까? 남들이 입힌 상처를 그저 말없이 받아들여야 하는 것일까? 아니다. 다만 완벽한 사람은 없다는 점을 강조하려는 것뿐이다. 완벽하게 안정된 관계란 존재하지 않는다. 누군가와 가까워지면 상처받을 위험도 커진다. 남들의 기대는 둘째치고 자기 기준과 기대만이라도 완벽하게 충족시키면서 사는 사람이 어디 있겠는가? 이 점을 인정하고 상처를 주거나 받게 될 때 어떻게 해야 할지 계획을 세워야 한다.

자신의 모습을 있는 그대로 바라보고 인정해야 한다. 진정한 일체감을 위해서는 용기가 필요하다. 일체감을 느낀다고 해서 고통 없는 삶을 살 수 있는 것은 아니다. 오히려 반대로 일체감에는 반드시 고통이 함께한다.

용서: 피해가기와 화해하기

죄의식을 이야기하면 용서에 대해서도 말할 수밖에 없을 것이다. 용서는 인간관계의 가장 강력한 도구 중 하나이다. 용서에는 두 가지 차원이 있다. 첫 번째 차원은 상처를 상처로 되갚지 않는 것이다. 분노와 모욕감에 복수심이 불타오른다 해도 피해자 덫에 걸려들기보다는 피해가는 선택을 할 수 있다. 이런 용서는 끝없는 고통에서 우리를 해방시킨다.

용서의 깊은 차원은 '화해'다. 화해는 둘 이상의 사람이 서로 어떻게 상처를 주고받았는지 이해하고 진심으로 후회하는 마음을 표현할 때 가능하다. 하지만 실제로는 상처받지 않은 척하거나 남에게 준 상처를 아무렇지 않게 여기면서 용서를 가장하는 일이 너무도 많다. 상대가 상처 준 상황을 제대로 인정하지 않았는데 상대를 용서하는 것은 화해가 아니다. 똑같은 일이 반복되지 않으리라는 확신이 없으므로 상처와 불신은 여전히 남는다. 고통과 책임을 이해한다는 것은 미래의 안정적 관계에 바탕이 되어줄 현실인식이 공유된다는 뜻이다.

도리스는 아들에게 어떤 피해를 입혔는지 끝내 이해하지 못했다. 결국 에드워드는 첫 번째 차원에서 어머니를 용서할 수밖에 없었다. 그는 자신에게 명확한 경계를 설정했고 죄의식을 강요하는 어머니의 메시지를 거부했으며 어머니를 감정적으로 상처 입은 여자로 받아들였다. 어머니를 용서하긴 했지만 피해자 덫에서 벗어나지 못하는 한 어머니가 위험한 존재라는 점은 잊지 않았다.

에드워드는 가족에게도 귀중한 선물을 했다. 보다 깊은 차원에서 자기를 용서할 수 있는 기회를 부여했던 것이다. 그는 아내와 아이들 앞에 앉아 자기가 입힌 상처에 대해 이야기하는 것을 들었다. 과거 상황에 대한 가족의 인식은 자기와는 전혀 달랐지만 존중하고 받아들였다. 비난하거나 핑계 찾기는 없었다. 그는 자기가 저지른 행동에 책임을 졌고 가족 각자에게 보상할 방법을 찾았다. 이런 과정을 통해 새로운 현실인식이 공유되었다. 가족이 서로의 차이를 안전하게 수용하고 경험할 수 있다는 인식이었다. 죄의식을 잘못 통제하여 가족을 소외시키고 상처 입혔던 에드워드는 건강한 죄의식을 통해 화해와 복구를 이뤄냈다.

통제된 죄의식은 화해를 추구한다. 남에게 상처 준 일을 후회하면서 어떻게 하면 앞으로는 그 상처를 피할 수 있는지 방법을 모색하기 때문이다. 그저 막연하게 다음번에는 잘되었으면 좋겠다고 생각하는 것이 아니다. 지금껏 이해하지 못했던 감정을 비로소 깨닫는 것이다. 이런 죄의식은 사랑에 바탕을 두며 상처 회복을 목표로 삼는다.

예를 들어보자. 에릭은 저녁 내내 텔레비전 앞에 앉아 술을 마셔대면서 가족에게 언어적 · 신체적 위협을 일삼는 아버지를 증오하며 성장했다. 어서 어른이 되어 집을 떠나 아버지에게서 가능한 한 멀리 떨어져 살 날이 오기를 고대했다. 어른이 된 후 그는 알코올중독자 가정에서 성장한 사람을 위한 집단상담에 참여했고 이를 통해 아버지의 상황을 이해하게 되었다. 하지만 아버지를 찾아가 미처 화해하기 전에 아버지는 교통사고로 세상을 떠나고 말았다.

에릭은 깊은 차원의 화해를 할 수 없게 되어버렸다. 하지만 에릭은 아버지로 인해 느꼈던 분노, 상처, 슬픔, 죄의식에 대해 몇 달 동안이나 집단상담을 했고 마침내 스스로를 용서했다.

죄의식 통제는 깊은 차원의 용서를 통해 화해로 나아가려 한다. 상대가 협력해주지 않거나 그럴 수 없는 상황이라면 이를 이루기가 어렵다. 상대가 대화를 거부하는 경우도 있고 이해하지 못할 수도 있다. 더 이상은 만날 수 없거나 세상을 뜬 경우도 있다. 그렇다면 머릿속으로, 마음속으로 그 사람과 대면하고 대화하는 것으로도 상당한 수준의 용서와 화해에 도달할 수 있다. 집단상담이나 믿을 만한 조언자의 도움을 받으면 더욱 좋다.

용서는 두 방향으로 작용한다. 때로는 상대를 용서해야 하고 때로는 남들이 나를 용서하도록 해야 한다. 과거에 자신이 했던 행동에 죄의식을 느낀다면 우선 어떻게 남에게 상처를 주었는지 완전히 이해한 후 '미안하다'는 말의 의미를 깨달아야 한다. 후회하는 마음을 치유하려면 두 번 다시 잘못을 되풀이하지 않겠다는 약속만으로는 충분하지 않다. 자신이 가한 상처를 깊숙이 이해해야 한다. 가능하다면 감정적 상처를 입혔던 상대와 만나 대화하며 공감을 이뤄야 한다. 그러면 더 깊은 차원에서 용서받음을 느낄 것이다. 가해 행동이 의도적이었든 아니었든 간에 이제 마음속 깊은 곳에서부터 회복이 가능해진다. 마찬가지로 자기에게 상처를 준 사람과도 진정한 화해를 이루려면 그 사람이 내 상처를 이해하고 후회를 느껴야 한다. 화해는 잘못이 반복되지 않는다는 믿음을 바탕으로 한다. 이 신뢰가 형성되지 않는다면 언제 또다시 피해자가 되어버릴지 모른다.

화해를 위해 꼭 상대를 내 삶으로 불러들이거나, 자신이 남의 삶으로 들어가야만 하는 것은 아니라는 점을 강조하고 싶다. 화해는 고통에 대한 상호적이고 공감적인 이해이다. 그러나 이런 깊은 차원에서 상대를 용서한 후라 해도 여전히 내 삶에 들여놓기는 싫을 수 있다. 그렇다면 삶 바깥에 두면서 용서하라. 용서하되 명확한 경계를 설정해야 한다. 용서는 했으나 그래도 싫은 사람은 있게 마련이다.

가장 어려운 일은 '가능성'의 환상을 놓아버리는 것이다. 죄의식을 제대로 통제하지 못하는 누군가가 변화하기를 기다리고 있다면 어느 시점인가에서는(아마도 오늘은) 얼마나 기다리면 충분한지를 결정해야 한다. 상대가 변화하지 않는 이유나 핑계를 찾는 일을 그만두어야 할지도 모른다. 가능성의 환상을 놓지 않는다면 좌절감에 사로잡혀 내일을 기다리며 오늘을 희생시키는 상황이 반복될 것이다.

보상하기

죄의식의 피해자 덫에 걸린 사람들은 우리를 조종하려들기 때문에 우리 자신이 죄의식을 효과적으로 통제하는 법을 익히는 게 중요하다. 통제되지 못한 죄의식은 끝없는 피해자 순환구조를 만들어낸다. 비난, 특히 자기비난은 아무 도움도 되지 않는다. 비난은 처벌 행동이므로 비난하기 시작하면 그 안에 갇혀 계속 잘못만 찾게 된다. 어떻게 행동할 수 있었는지, 어떻게 해야 했는지, 그럼 어떻게 되었을지를 계속 돌이켜 생각만 한다면 앞으로 나아갈 수 없다. 자기비난은 스스로 성숙한 인간이고 책임지는 인간이라는 착각을 불러일으키기도 하므로 조심해야 한다. 죄의식을 통제하는 사람은 이와 달리 비난을 배제하고 해결책을 모색한다.

죄의식 통제를 통해 잘못을 깨닫고 나면 상처 입힌 행동을 인정하고 그 상처를 어떻게 보상할지 방법을 찾는 것이 중요하다. 에드워드는 가족을 방치했던 과거의 행동과 힘들게 대면하고 한 명 한 명의 요구에 맞취 보상방법을 내놓았다. 아들에게는 아버지 노릇을 충분히 하지 못했던 점을 사과하고 이후로는 아들의 피아노 연주회에 모두 참석하겠다고 말했다. 캠프에 가지 못한 딸이 얼마나 실망했는지 알고는 다음해 여름캠프를 위해 충분한 돈을 저축하겠다고 약속했다. 앤은 남편과 단 둘이 주말여행을 떠났을 때 기쁨의 눈물을 흘렸다. 시어머니 때문에 부부는 거의 7년이나 둘만의 주말을 보내지 못했던 것이다.

보상은 내가 입힌 피해를 치유하고 미래의 행동을 변화시키는 것이다. 변화하지 않고 용서를 구하는 것만으로는 충분치 않다.

에드워드에게 가장 어려웠던 일은 어머니와의 관계가 실패라는 점을 인정하는 것이었다. 그는 솔직한 감정, 그리고 어머니도 원하긴 했지만 어떻게 받아야 하는지 몰랐던 친밀감을 빼앗겼던 셈이다. 에드워드는 최선을 다해 그런 깨달음을 표현했지만 어머니는 귀담아 들으려 하지 않았다. 아들의 사과를 통해 도리스도 힘을 찾을 수 있었으나 도리스는 계속 피해자 덫에 남아 있기를 고집했다.

죄의식 통제는 책임지기를 의미하지만 이는 용서를 구걸하는 것은 아니다. 용서 구걸은 또다시 자기 힘을 포기하는 셈이고 관계의 실패로 이어진다. 상대에게 어떤 상처를 입혔는지 이해하고 남의 고통에 공감하는 데 초점을 맞춰라. 책임지기는 속죄의 고행이 아니다. 상황을 올바로 돌려놓을 수 없다 해도 개선의 의지를 놓지 않는 것이 책임지기이다.

인간관계가 상처를 줄 수 있다는 사실, 인간관계에 힘의 균형이 필요하다는 사실을 받아들이고 나면 상처를 주거나 받을 가능성이 줄어든다. 더 이상 거부의 두려움에 시달리지 않고 자신에 대해, 자기 경험이나 느낌에 대해 진실을 말할 수 있게 된다. 이제 스스로 힘을 가지고 있다고 느끼고 필요하다면 거리를 두면 되기 때문이다.

과거의 경험에 근거해 새로운 경계를 설정함으로써 다시 피해자로 전락하는 일을 막아야 한다. 에드워드는 어머니에게 휘둘리며 겪었던 고통과 대면함으로써 그 관계를 여러 모로 변화시켰다. 우선 어머니와의 전화통화 시간을 줄였다. 매번 전화를 받는 대신 자동응답기를 통해 통화를 걸러냈다. 어머니가 아프거나 긴급한 도움이 필요한 상황이라면 바로 응답전화를 했지만 다른 때라면 20분 이상 시간 여유가 있을 때에만 다시 전화를 걸었다. 지역 간호 서비스도 신청해 정기적으로 간호사가 방문해 어머니의 식사와 건강 상태를 확인하게 했다. 어머니와의 관계에서 경계가 설정되고 죄의식이 행동을 지배하지 못하도록 하자 둘 사이에는 더 깊은 유대관계가 가능해졌다.

한 번 피해를 입었다면 또다시 피해자가 되지 않기 위해 관계의 경계를 재설정할 필요가 있다. 상대가 내가 입은 상처를 이해하지 못하고 심지어 신경조차 쓰지 않는다면 죄의식으로 내 행동을 통제하려드는 상대를 거부하는 데 힘을 동원할 수도 있다. 남이 내 행동을 결정한다면 이는 경계 침범이고 그 결과는 예외 없이 고통스럽다.

죄의식은 일체감의 증거가 아니다. 늘 죄의식을 느끼는 관계라면 한 번 돌이켜봐야 한다. 죄의식은 무언가에 책임져야 한다는 사실을 알려준다. 그 무언가는 남들이 요구하는 것이 아닐 수도 있다. 인간관계에서 내가 져야 하는 진정한 책임이 무엇인지를 밝혀낼 필요가 있다.

● ● 현재 기분 파악하기

솔직하라. 통제되지 못한 죄의식은 감정을 감추게끔 만든다. 통제된 죄의식은 감정을 활짝 드러낸다. 자기 느낌과 솔직히 대면하려면 용기가 필요하지만 그럴 가치는 충분하다. '그 친구한테 그렇게 행동했을 때 어떤 느낌이었지?' 혹은 '지금은 그 일에 대해 어떻게 느끼지?'와 같은 질문을 던져보라. 진정한 감정을 확인하는 것이 통제의 첫 단계이다. 감정을 통제하지 못하는 사람과의 관계에서 벗어나기 위한 첫 걸음이기도 하다.

● ● 무의식까지 내려가기

혼자서는 어려우니 친구들의 도움을 받아도 좋다. 위험부담이 있으니 믿을 만한 친구를 선택하라. 그렇게 하고도 마음을 단단히 먹어야 한다. 당신이 죄의식을 어떻게 통제하는지를 친구들에게 물어보라. 당신이 미처 깨닫지 못하는 부분도 기탄없이 이야기해달라고 부탁하라. 당신이 죄의식을 제대로 통제하지 못하고 있다면 친구들은 솔직하게 이야기하고 싶어 하지 않을지도 모른다. 죄의식을 느끼는 데 대해 죄의식을 느끼지 않도록 배려하는 마음으로 말이다. 하지만 진정한 성장을 원한다면 친구들을 설득해야 한다.

가장 중요한 것은 스스로에게 묻는 것이다. 당신의 죄의식 아래에는 거부에 대한 두려움이 있는가? 남을 위해 희생하지 않는다면 가진 것을 잃을지 모른다는 두려움이 깔려 있지는 않은가? 두려움과 사랑 중에 무엇을 더 크게 느끼는가?

●●● 내 태도 결정하기

사랑하고 사랑받는 능력을 키우는 것은 거부에 대한 두려움을 다루는 최상의 방법이다. 사랑이 넘치는 사람이 주변에 있다면 보고 배워라. 지금까지 죄의식을 잘못 통제해왔다고 여긴다면 이제부터는 사랑을 주고받는 데 초점을 맞춰라. 죄의식 통제는 대립과 분노의 감정을 다룰 수 있게 한다. 관계에 문제가 있는 상대에게 당신의 감정을 솔직히 털어놓는 방법은 무엇일까? 실제로는 전혀 그렇지 않은데도 아무 문제 없는 듯 굴지는 않았는가? 죄의식 통제는 숨은 감정을 드러내는 것이다. 말하기가 고통스럽다고 꽁꽁 숨기는 것은 해결책이 아니다.

●●● 상대에게 책임 묻기

책임을 지는 쪽은 당신이어야 한다고 생각할지도 모르겠다. 하지만 스스로 책임을 지기 위해서는 자기비난을 중단해야 한다. 자신이 하거나 하지 않은 잘못에 대한 생각을 멈추고 사랑하고 사랑받는 데 집중할 방법은 무엇일까? 이때 상대는 어떤 책임을 받아들여야 하는가?

● ● 내 책임 인정하기

상처를 치료하고 힘의 균형을 되찾기 위해 어떻게 책임 있는 행동을 할 수 있을까? 지금까지의 행동보다는 앞으로의 행동에 대해 고민하라. 당신은 긍정적인 변화를 위해 무엇을 용서받아야 하는가? 화해가 가능한가? 잘못한 사람을 비난하는 것은 소용없다. 중요한 것은 문제를 영속화시킬 것인가, 해결할 것인가이다.

● ● 한 발 나아가기

에드워드는 어머니에 대한 잘못된 죄의식이 아내 앤에게 얼마나 상처를 입혔는지 이해해야 했다. 도리스는 스스로 변화하기에는 무력했지만 주변 모든 사람에게 강력한 영향을 미쳤다. 죄의식은 이렇듯 주변에 영향을 미치기 때문에 개인적 차원의 문제로 그치지 않는다. 죄의식을 통제하고 싶다면 사랑하는 주변 사람들에게 자신이 어떤 영향을 미치는지 이해해야 한다.

● ● 내 힘 되찾기

자신의 영향력을 보지 못하게 만들어버리는 죄의식을 어떻게 통제하면 좋을까? 남들, 특히 죄의식에 사로잡힌 이들에게 당신의 감정을 어떻게 전달해왔는지 돌이켜보라. 가진 힘을 보다 건설적으로 활용하여 변화를 이끌어낼 방법은 무엇인가?

● ● 관계 재정립하기

'상대가 제 역할을 해줄 것인가?'라는 질문부터 던져보라. 죄의식을 제대로 통제하지 못했던 상대가 자기 감정을 솔직하게 털어놓고 책임을 받아들일지 확인하라는 뜻이다. 성인들 사이의 상호관계에서는 양쪽 모두가 건강한 경계를 설정하는 것이 매우 중요하므로 상대의 의지와 잠재성을 확인해보아야 한다. 인간관계에서 힘의 불균형은 때로 대부분의 권력을 자기가 행사하는 관계만 고집하는 상대 때문에 생겨나기도 한다. 당신을 받아들여달라는 요구가 도저히 먹히지 않는 상대도 있다. 가능성이 없다면 그 사실 또한 인정해야 한다. 그저 과거로 떠나보내야만 하는 관계도 있는 법이다.

제6장

다섯 번째 피해자 덫

거짓힘

자기주관이 강하다고 평가받는 사람은
실패와 자기의혹을 감추기 위해 힘을 남용하는 경우가 많다.
진정한 자기주관은 절대로 남들에 대한 통제로 이어지지 않는다.
자기주관이란 상황이 제대로 풀리지 않더라도 끄떡없는
내적 만족감에서만 설 수 있기 때문이다.

· · · · ·

더그는 아내 루앤을 때리고 나면 자기도 참담한 기분에 휩싸였지만 손찌검을 멈추지 못했다. 아내를 제압할 방법은 그것뿐이라 생각했기 때문이다.

'아내가 편히 살도록 힘들게 일하잖아. 하지만 내가 얻는 건 대체 뭐지?'

그는 자주 이런 생각을 했다. 그리고 아내가 자기를 비난한다 싶으면 언성을 높였고 고함을 지르다가 결국은 주먹을 휘둘렀다. 아내를 때리는 것만이 상황을 중단시킬 수 있는 유일한 방법인 듯했다.

더그는 싸우고 난 뒤에는 종종 흥분을 식히기 위해 차를 몰고 나갔다. 부부가 함께 자란 동네를 돌아다니다 보면 친구들과 함께 낡은 차를 고치고 루앤과 카페에서 노닥거리던 시절이 떠올랐다. 하지만 어릴 때 살던 집을 지나칠 때면 아버지가 떠오르면서 고통스러워졌다.

완고한 성격의 아버지는 단 한 번도 아들을 칭찬한 적이 없었다. 칭찬은 자식을 교만하게 만들 뿐이라고 믿었기 때문이다. 또 인생 사는 법을 가르치려면 매를 들어야 한다는 생각도 확고했다. 더그는 고등학생 때까지 매를 맞았고 이를 치욕스럽게 여겼다. 하지만 더욱 치욕스러운 것은 화를 가라앉히기 위해 밤중에 차를 몰고 나온 자기 모습이 아버지와 똑같다는 생각이었다. 어쩌면 루앤 말대로 자신이야말로 패배자인지도 몰랐다.

· · · · ·

·　　·　　·　　·　　·

　　루앤은 알코올중독자 어머니의 학대를 피해 고작 열여덟 살의 나이에 서둘러 더그와 결혼했다. 아버지는 루앤이 네 살 때 집을 나갔고 어머니는 혼자 다섯 자녀를 키웠다. 근처 술집에서 일하던 어머니는 지치고 짜증난 상태로 새벽에 퇴근해 돌아와 집 안이 지저분하다 싶으면 루앤을 잠자리에서 끌어내 청소를 시켰다. 집을 치우다 보면 어느덧 아침 등교시간이 되곤 했다.

　　키 크고 잘생긴 학교 선배 더그가 청혼했을 때 루앤은 자기 기도의 응답이라 여겼다. 과거의 끔찍한 고통은 끝났고 이제 남편이 모든 꿈을 실현시켜주리라 기대했다. 하지만 결혼 후 불과 몇 주가 흘렀을 때 더그는 루앤이 음식을 태웠다는 이유로 폭발했다. 루앤은 결혼이라는 덫에 다시 갇힌 기분이었다. 어머니와 남편 말대로 자기는 멍청하고 무엇 하나 제대로 해내지 못하는 사람인 것 같았다.

　　·　　·　　·　　·　　·

힘을 잘못 사용하다

더그와 루앤은 둘 다 어린 시절 학대의 피해자로, 이 때문에 감정적으로 불구 상태가 되었으므로 실패하는 삶을 살 수밖에 없는 운명이라고 생각했다.

양육자에게 완전히 의지하는 어린아이들은 신체적으로, 감정적으로 힘이 약하다. 하지만 몸이 성장하면서 신체적인 힘이 커지는 것처럼 내적인 힘도 함께 커간다. 이때 신체적·감정적 힘을 통제할 줄 아는 어른에게서 존중을 받는다면 아이는 자기 힘을 긍정적으로 키워나간다.

어렸을 때 부모님이나 선생님, 혹은 존경하는 분에게 칭찬받았던 때를 떠올려보라. 어떤 느낌이었는가? 그때의 자세와 호흡은 어땠는가? 칭찬을 받으면 대부분 머리를 높이 들고 미소를 지으며 폐 깊숙한 곳까지 숨을 들이마시게 된다. 두 발은 힘차게 땅을 딛고 어깨는 뒤로 젖혀져 자신 있고 즐거운 자세가 된다. 칭찬받기 전에 비해 신체도 한껏 팽창되어 커진다.

반면 꾸중이나 학대를 받았을 때는 정반대다. 얼굴에 슬픈 표정이 떠오르고 고개가 아래로 향한다. 어깨가 축 처지면서 호흡도 얕아진다. 이 세상에 자신이 있을 공간은 없다는 생각이 든다. 신체(그리고 정신과 영혼까지도)는 움츠러들고 작아진다. 이런 사람은 성인이 된 후 경계가 침범당하거나 욕구가 무시당하는 일이 생기면 신체적·감정적 힘을 잘못 사용하기 쉽다. 그러면서도 그러한 행동이 자신이나 남에게 얼마나 부정적인 영향을 미치는지 제대로 알지 못한다.

더그와 루앤이 바로 그런 상태였다. 두 사람 모두 어린 시절에 자기 힘을 제대로 키우지 못했다. 스스로 무력하다고 믿으며 피해자 덫에 걸려 있었다. 더그는 힘(폭력)을 행사하면서도 한편으로 힘(내적 힘)이 없다고 느꼈고 루앤은 자신을 위험에서 지키지 못해 무력하다고 느꼈다.

더그는 아버지에게 인정을 받기 위해 끊임없이 노력했으나 성공하지 못했다. 결국 자기는 형편없는 존재라는 생각을 갖게 되었다. 아버지에게조차 인정받지 못하는데 도대체 누가 존중해주겠는가? 더그는 사사건건 아버지에게 대들었고 급기야 아버지가 검다고 하면 무조건 희다고 우기는 사태에까지 이르렀다. 늘 자기가 옳음을 증명하려고 발버둥쳤지만 허사였다. 아버지는 더그가 논쟁에서 이기고 싶은 것이 아니라 인정과 존중을 원할 뿐이라는 점을 이해하지 못했다. 아버지 앞에서 항상 무력했던 더그는 세상에 자신의 힘을 내보여야 했다. 결국 그는 아내 루앤과의 관계에서 힘을 오용하게 되었다.

나약함이나 무력감을 느낄 때 더그가 그 고통을 피하는 전략은 딱 한 가지, 남을 제압하며 힘을 과시하는 것뿐이었다. 루앤이 자기 마음에 들지 않는 말을 하면 당장 "입 닥쳐!"라고 고함을 질렀다. 루앤이 종알거리며 거슬리는 말을 하면 더그는 바로 보복을 했다. 불평을 해대는 입에 한 방 먹여주는 것이다. 그러면 루앤은 울음이 터져 제대로 항변도 하지 못했다.

더그는 모든 책임을 루앤에게 떠넘겼다. 끊임없이 루앤의 몸매나 옷차림, 요리솜씨가 기대 이하라고 폄하했다. 더 나아가 루앤이 한 인간이며 여성이라는 점까지 무시했다. 과거 아버지가 자신에게 주었던 좌절감을 아내에게 안겨주는 것이다.

루앤은 이런 더그를 만족시키기 위해 최선을 다함으로써 안전해지려 했다. 요리 실력이 더 좋아지고 집 안 청소를 더 잘한다면 남편이 친절해지리라 믿었다. 남편의 분노가 루앤이 아닌, 그의 내면에서 나온다는 점을 깨닫지 못했기에 그 노력과 희망은 의미가 없었고 가뜩이나 약했던 루앤의 자기존중감은 산산이 깨지고 말았다.

더그나 루앤처럼 어린 시절에 제대로 힘을 키우지 못했다면 스스로 무력하다고 느끼면서 자란다. 그리고 성인이 되어서도 힘을 제대로 통제하지 못하는 상황이 일상으로 자리잡고 만다.

거짓힘의 두 가지 유형:
더 크게 보이기와 작게 행동하기

　모든 생명체가 그렇듯 우리는 본능적으로 고통은 피하고 쾌락을 추구한다. 고통받고 싶어 세상에 태어난 존재는 없다. 아기 때도 나름대로 고통스러운 경험은 피하고 안락하고 즐거우려 한다. 배고프면 울고 엄마 젖을 빨면 행복해한다. 기저귀가 젖으면 칭얼대고 보송보송하게 마른 기저귀는 좋아한다.

　커가면서 아이는 좀 더 큰 도전에 직면한다. 갖가지 인생의 장애물에 맞서 이겨내고 그 대가로 즐거움, 자신감, 자부심 등을 얻게 된다. 그러나 도전에 맞서는 일은 쉽지 않다. 어린아이가 처음 걸음마를 배울 때를 보면 제대로 걸음을 내딛기보다는 뒤뚱거리다가 넘어지는 일이 더 많다. 수십 번 넘어지고 무릎도 까진다. 그러다 마침내 성공하면 그 얼굴이 자부심으로 빛난다. 이처럼 거듭되는 실패의 고통을 참아내야만 마침내 '걷기'라는 도전에 성공할 수 있다.

　미국의 유명한 정신의학자 스캇 펙(Scott Peck)은 개인의 영적 성장을 다룬 베스트셀러 『아직도 가야 할 길』에서 '삶은 문제와 고통의 연속'이라고 말한다. 그러나 문제에 부딪쳐서 해결하지 않으면 문제는 사라지지 않고 그대로 남아 우리의 영적 성장에 장애가 된다고 덧붙인다.

　정도의 차이는 있겠지만 우리는 대부분 고통을 두려워하고 문제를 피하려든다. 미적거리며 문제가 저절로 사라지기를 바란다.

무시하고 잊어버리며 마치 문제가 존재하지 않았던 척한다. 외면하기 위해 마약을 하기도 한다. 고통에 무감각해짐으로써 고통을 야기한 문제 또한 잊으려 하는 것이다.

이어 펙은 중요한 구절을 덧붙인다.

그러나 다른 사람이 대신해 문제를 해결해주기를 바라면 아무 문제도 풀리지 않는다.

성장에 꼭 필요한 고통까지 피하려들면 오히려 더 많은 고통을 겪게 된다는 것, 이것이 고통의 역설이다. 치료의 고통을 참아내야 병이 낫는다. 고통을 피하려고만 하면 더 많은 문제, 더 많은 중독, 더 많은 실망감이 뒤따른다. 인간관계가 깨지고 자기통제력을 상실한다.

고통을 피하려들면 피해자 덫에 갇히고 만다. 안타깝게도 이는 자신에게나 남들에게 더 많은 고통을 준다. 더그는 힘 있는 척하며 무력감을 피하려 했다. 루앤의 작은 체구와 대조되게끔 가슴을 활짝 펴고 똑바로 섰다. 루앤에게 얼굴을 들이대고 큰 소리로 고함을 질렀다. 그 결과 더그가 얻은 것은 상처 입은 루앤, 위기에 처한 결혼생활, 폭력 남편이라는 딱지뿐이었다. 루앤은 남편 눈밖에 나지 않으려고 잔뜩 위축되어 어린아이처럼 굴었다. 고통을 피하기 위해 지나치게 움츠러들었지만 이 전략 역시 성공적이지 못했다.

더그와 루앤은 둘 다 자기 힘을 제대로 통제하지 못했다. 삶의 고통과 대면하는 대신 고통을 덮는 데만 힘을 쏟았다. 더그는 무력감을 감추기 위해 폭력을 행사했고 루앤은 저항하면 한층 더 위험하다는 생각에 폭력을 감수했다.

통제되지 못한 힘은 학대의 순환고리를 가속화할 뿐이다. 피해자 덫에 걸린 사람은 공격할 수도, 물러설 수도, 불평할 수도, 냉담해질 수도, 분노로 날뛸 수도 있다. 이 모두는 거짓힘으로 진실을 감추려는 행동이다.

상대에게 커다란 모습을 보이면서 통제되지 않는 힘을 위압적으로 행사하는 행위는 절대로 정당화될 수 없다. '너무 작게' 행동하는 것 또한 자기 욕구 충족을 상대에게 과도하게 의존하며 경계를 침범하는 것이다.

파괴적인 학대의 순환고리가 생기다

우리는 '너무 크게' 혹은 '너무 작게' 행동하며 거짓힘을 사용한다. 어떤 사람들은 너무 크게만 행동하고, 누구는 또 너무 작게만 행동하지만 경우에 따라 그 역할은 뒤바뀐다.

즉 더그가 상대적으로 더 공격적이지만 가끔은 루앤이 주도적인 역할을 맡기도 했다. 이런 역할전이는 세 단계를 거쳐 나타난다.

1단계: 억누르기
더그는 무의식적으로 어린 시절 아버지에게서 무시당한 데서 온 고통과 직접 대면하기를 피하며 힘을 억눌렀다.

어린 더그는 아버지의 인정을 받기 위해 노력을 거듭했지만 별 소용이 없었다. 학교 운동부에서 주전이 되고 성적도 올렸지만 아버지는 그 어느 것도 칭찬하지 않았다. 더그는 더욱 열심히 노력했지만 그 노력의 결과에서 아무런 기쁨도 얻지 못했다. 아버지의 차가운 반응에 매번 실망할 수밖에 없었다. 키가 180센티미터나 되는 거구였지만 더그는 자기가 힘 있는 존재라는 것을 한 번도 확신하지 못했다. 결국 더그는 어른이 되어서는 무력감과 과거의 실패를 가리려는 시도로 '모든 힘을 다 가져야 한다'는 환상에 사로잡혀 늘 주도권을 잡으려들었다.

루앤은 왜 그런 남편과 사냐는 질문을 받으면 '더그가 자기주관이 뚜렷할 뿐'이라고 대답하곤 했다. 하지만 너무 크게 행동할 때 더그에게는 실상 자기주관이 결여되어 있었다. 사람들은 실패와 자기의혹을 감추기 위해 힘을 남용하는 경우가 많다. 진정한 자기주관은 절대로 남들에 대한 통제로 이어지지 않는다. '자기주관'이란 상황이 제대로 풀리지 않더라도 끄떡없는 내적 만족감에서만 설 수 있기 때문이다. 더없이 자기확신에 찬 듯한 더그의 행동은 사실 불안정한 내면을 반영하고 있었다.

해법이 적절하지 않았으므로 더그의 고통은 사라지지 않고 더 커졌다. 더그는 좌절감을 느꼈지만 그 이유는 알 수 없었다. 아이들이 시끄럽게 굴어서, 부엌이 지저분하다며 루앤을 비난했지만 그렇다고 해서 고통이 줄기는커녕 더 힘들어졌다.

2단계: 폭발

그러다가 결국 더그는 폭발했다. 힘을 드러내 보이기 위해 몸에 잔뜩 힘을 주었고 루앤을 위협하며 공격을 했다. 폭력까지 행사하게 되면 더그도 상황을 수습해야겠다는 생각이 들었다. 그럼에도 불구하고 문제는 자신이 아니라 아내에게 있다고 여겼기에 루앤이 반박하려들면 마구 폭력을 휘둘렀다. 그런 다음에는 늘 기분이 참담했지만, 어떻게든 루앤의 입을 다물게 만들고 무력감을 떨쳐버리기 위한 유일한 방법은 아내를 때려주는 것뿐이었다.

3단계: 후회

후회는 잠시 집을 떠나 있을 때 찾아왔다. 이때 더그는 슬퍼하고 반성하는 소년이 되어 한없이 작아졌다. 집에 돌아와서 눈물을 흘리며 사과했다. 아내를 진심으로 사랑하고 아내 없이는 살 수 없다고 고백하는 것이다. 선물을 주면서 앞으로는 다른 모습이 되겠다고 약속했다.

하지만 진정한 변화는 이루어질 수 없었다. 더그가 고통의 진짜 원인과 대면하지 않았기 때문이다. 더그에게는 죄의식을 느끼는 것만으로도 충분한 속죄였다. 아내에게 상처를 입혔지만 사과했으니 당연히 용서를 받아야 하고 앞으로 잘 지내면 된다고 생각했다. 아내도 잘못했고 자기도 잘못했으니 피장파장, 공평한 것이라고 보았다.

한편 루앤 역시 자기 힘을 제대로 통제하지 못하여 이 파괴적인 학대의 순환고리에 참여하고 있었다. 자기존중감이 약한데다 무력감과 대면할 자신이 없었던 루앤은 남편의 애정 고백이 반가웠다. 더그가 사죄의 선물로 사오는 장신구를 걸고 친구들에게 자랑했다. 건강하고 진정한 사랑을 추구하는 대신 루앤은 사랑의 속삭임만 갈망했다. 더그의 애정 고백은 루앤에게 잠시라도 자신의 힘이 커졌다는 환상을 안겨주었고 이는 작아졌던 시간들을 보상했다.

루앤은 첫 단계(억누르기)에서는 더그의 불만을 감지하고, 사랑받지 못할지 모른다는 해묵은 두려움에 휩싸였다. 루앤은 더그를 기쁘게 하여 또다시 애정 고백을 받기 위해 온 힘을 쏟아부었다. 남편의 변덕스러운 요구에 맞추려는 노력은 눈물겨울 정도였다.

하지만 루앤은 아무리 노력해도 결국 자기는 남편에게 상처받을 수밖에 없다고 생각하게 되었다. 이 단계에서 더그가 폭발하고 루앤은 어린 시절부터 익숙했던 무력감을 느꼈다. 바닥에 쓰러져 고통에 신음하면서도 루앤의 무의식은 자기가 남편에게 그런 대접을 받아 마땅하다고 믿었다. 마치 어린 시절에 어머니에게 맞으면서 그것을 훈육이라 여겼던 것처럼 말이다.

더그가 꽃이나 선물을 들고 집에 돌아와 후회의 눈물을 흘리며 애정 표현을 하면 악순환이 다시금 시작되었다. 루앤은 남편이 용서를 빌 때 스스로 아주 힘이 센 듯 느꼈다. 한순간이나마 관계에서 '아주 커다란' 역할을 맡아 남편을 통제했던 것이다. 남편을 다시 받아들이면서 스스로 관대하다고 여겼다. 진정한 용서가 무엇인지 모른 채 루앤은 남편의 행동을 받아주었고, 그로 인해 파괴적인 순환이 계속되었다.

더그와 루앤은 통제되지 못한 힘이 어떤 식으로 나타나는지 보편적인 유형을 보여준다. 폭력이 수반되지 않는 관계라 해도 마찬가지이다. 거짓힘을 사용하는 사람은 너무 크거나 너무 작은, 침해하거나 침해당하는, 변명을 하거나 변명을 받아주는 위치에 놓인다. 하지만 진정한 변화나 진보는 없다. 고통을 회피하려는 마음에 오히려 더욱 고통스러운 선택을 계속 반복한다.

피해자 덫에 걸린 사람들은 생산적인 방식으로 힘을 찾고 사용하는 대신 현상 유지 전략을 고안한다. 이 전략을 위한 행동이 몹시 분주하고 소란해서 마치 능동적인 것처럼, 성장하는 것처럼 보이기도 한다. 하지만 가만히 들여다보면 역기능적이고 파괴적이며 무력한 행동 유형이 끝없이 반복될 뿐이다.

무력감을 느끼며 살다 보면 현재의 끔찍한 상황에 자신이 여러 모로 기여했다는 사실을 간과하게 된다. 무력한 사람들은 자신을 문제의 일부로 보지 않는다. 자기 행동은 별다른 영향력을 지니지 못한다는 생각 때문이다. 더그와 루앤처럼 문제의 원인도, 문제를 바로잡을 사람도 상대라고 믿는다면 결국 상대의 처분만 기다리며 살아야 한다.

무력감에 빠진 성인은 영원히 어린아이의 모습에서 벗어나지 못한다. 별다른 대안 없이 다른 성인에게 생존을 의존하는 것이다. 피해자 덫에 걸린 사람들은 세월이 흘러도 자기 힘을 인식하지 못한다.

힘을 가지려면 버릴 줄도 알아야 한다

　우리가 힘을 제대로 통제하지 못하는 일차적인 원인은 숨은 패배감 때문이다. 애써 무의식으로 밀어낸다 해도 이 감정은 사라지지 않는다. '최고의 위치'에 올라서고 싶어 힘을 가장하기도 한다. 그리고 한순간 이나마 성공한 듯 느낀다.

　효과적으로 힘을 통제하려면 실패에 건강한 시각을 가져야 한다. 정신과 영혼의 건강은 이런 면에서 역설적이다. 성공하려면 실패할 줄 알아야 한다. 우리는 모두 실패하기 때문이다. 실패 없이 성장할 수 있는 사람은 아무도 없다. 아무리 아닌 척해도 실패는 삶의 한 부분이다.

　실패를 받아들이는 일은 고통스럽다. 성취도에 따라 조건적 사랑을 받으며 자란 사람이라면 그 고통이 한층 커진다. 심지어 성취와 상관없이 어렸을 때부터 존재 자체가 실패로 여겨지며 거부당했던 사람도 있다. 실패는 곧 거부이고 죽음이라 여기는 사람이 실패와 부딪치는 것은 고문이나 다름없다. 실패하여 버림받으면 삶의 근본이 흔들리기 때문이다.

버림받아 죽을지 모른다는 두려움을 무의식에 가지고 있는 사람은 완벽한 척하면서 실패를 인정하려들지 않는다. 하지만 그런다고 완벽해지지 않는다. 그 무익한 투쟁에서 벗어나 진실과 대면해야 한다. 어린 시절에 완전한 사랑을 받지 못했고 그 경험이 끔찍하게 고통스러웠다는 진실 말이다.

더그는 자기 패배감을 아내에게 돌리는 대신 어린 시절에 아버지의 사랑이 잘못되었다는 점을 인정해야 했다. 아들에게 필요한 사랑을 주지 못했던 아버지의 무능력은 더그가 아닌 아버지의 실패였다. 하지만 대개의 아이들이 그렇듯 더그는 아버지가 그렇게 행동한 책임이 자기에게 있다고 생각했다. 아들 역할에 실패했기 때문이라고 믿었던 것이다.

이로 인해 그는 남편으로서도 실패하고 말았다. 슬픔에 빠진 아이는 힘을 잘못 사용하는 잔혹한 남편으로 성장했다. 한번은 폭력이 도를 넘어 루앤이 병원에 입원하는 지경에 이르렀고 주변 사람들 모두가 상황을 알게 되었다. 더그는 끝까지 루앤이 넘어진 것이라며 잘못을 인정하지 않았다. 가족과 친지에게 그들의 기대에 미치지 못하고 가장으로서 실패했다는 점을 밝힐 수 없었던 것이다.

더그는 자신을 가정폭력범이라 생각하지 않았다. 애정 넘치는 남편이자 성실한 가장인 자기가 가정폭력범일 리 없다는 것이었다. 살짝 한계를 넘은 적도 있지만 늘 사과했으므로 범죄는 아니라고 여겼다. 자신에게 문제가 있다는 점도 부인했다. 또 다른 실패는 참을 수 없었던 것이다.

기대했던 대로 살지 못하고 있음을 인정하는 일은 누구에게든 어렵다. 상담치료를 하다보면 "이혼은 남의 일인 줄 알았어요" 혹은 "이런 꼴을 당할 줄은 상상도 못했어요"라는 말을 자주 듣는다.

피해자 덫에 걸린 사람들은 불유쾌한 일을 실패로 여기는 경향이 있다. 그래서 '강간당한 건 아무한테도 얘기하지 말아야 해. 날 더럽고 무가치한 인간이라고 볼 테니까' 혹은 '해고 사태를 예상해야 했어. 어째서 이런 직업을 선택했을까?'라는 식의 혼잣말을 하게 된다.

삶이 예상과 달리 흘러가면 누구든 패배감을 느낄 수 있다. 그것을 자연스러운 과정으로 받아들이지 못하고 자존심에 매달리기 시작하면 무슨 짓을 해서라도 실패를 인정하지 않게 된다. '멋지게 보이는 데' 집착하는 것이다.

무력함을 '미덕'으로 포장하는 참으로 기이한 현상도 빚어진다. 일부 종교, 정치, 철학적 신념은 인간의 무력함에 찬사를 보내고 우리를 피해자 역할에 고정시키면서 발전했다. 인간관계가 그렇듯 이러한 신념 체계도 피해자 덫에 걸릴 수 있다. 학대로 고통받는 사람을 미화하고 힘을 남용하는 사람에 맞서지 않음으로써 말이다.

예를 들어 루앤은 목사에게 찾아가 남편의 학대에 어떻게 대처해야 할지 의논했다. 목사는 남편의 권위에 복종해야 하며 철저히 따른다면 학대받지 않을 것이라고 말했다. 목사는 더그가 한 행동의 책임을 아내 어깨 위에 지웠던 것이다.

실패를 인정하지 않는 일부 종교야말로 어쩌면 가장 큰 덫인지도 모른다. 공개적으로 망신당하고 종교 공동체에서 배척받을 것이 두려워서 현실을 털어놓지 않으려는 사람들도 있다. 혹은 신의 노여움을 사 처벌받을까 봐 두려워서 전전긍긍하며 살기도 한다. 모든 힘은 신에게 속하는 것이고 자신에게는 손톱만큼도 없다고 여긴다. 전능하신 신의 뜻에 따르는 한 실수나 실패는 없다는 것이다.

실패는 모든 삶에 존재한다. 우리가 피해자 덫에 걸리는 것은 실패했을 때가 아니다. 실패에 따르는 고통을 회피하려 할 때이다. 너무 많은 책임을 떠안았지만 힘이 부족할 때 혹은 책임을 회피하기 위해 안간힘을 기울일 때 우리는 힘을 제대로 통제하지 못하는 상황에 처한다.

핵심은 균형이다. 힘의 한계를 명확히 인식하며 동시에 정당한 힘에 대한 믿음을 가져야 한다. 어떤 상황에서든 실패와 책임을 기꺼이 받아들여야 우리는 균형잡힌 태도로 남을 대할 힘을 얻는다. 인생에서 우리는 자기존중감이나 타인의 인정도 얻어야 하지만 이와 함께 쓰디쓴 실패도 받아들여야 한다. 실패의 고통을 껴안고 실수에서 배움으로써 진정으로 '멋진' 존재가 될 수 있다.

진정한 자기 힘을 되찾다

지금까지 읽으면서 자신에게서 더그나 루앤의 모습을 조금이라도 보았다면 특정 상황이나 인간관계에서 '너무 크게' 혹은 '너무 작게' 행동하는 것일 수 있다. 피해자 덫에 끌려들어가지 않으려면 루앤이나 더그와는 다르게 행동해야 한다. 또 스스로 무력하다고 여기는 사람과 가까이 하고 그 관점을 받아들이면 결국 부정적인 영향을 받게 된다.

일단 덫에 걸렸다면 이유나 과정을 불문하고 상처받고, 남에게 위험한 존재가 되었을 가능성이 크다. 그 위험을 과소평가하지 마라. 자신도 의도하지 않았던 엄청난 피해를 주변에 끼칠 수 있다. 어떻게 자신을 보호할 수 있는지 배우고 피해자 덫에서 빠져나오기 위해 행동해야 한다.

삶에 힘 부여하기

무력감은 습관화된다. 습관을 바꾸는 일, 특히나 깊이 뿌리박힌 생활 태도를 바꾸는 일은 하루아침에 이룰 수 없다. 우선 인간관계, 그중에서도 고통이나 상실감을 안겨주는 관계에서 자기가 가진 힘을 인식하는 데 집중하라. 상대의 행동이나 감정에 휘둘리지 말고 자기통제력부터 회복해야 한다.

더그와 루앤 부부에게서 자기 모습을 발견했다면 전문가의 도움을 받도록 하라. 각 지역의 상담센터에서 학대 상황을 헤쳐나가는 법을 알려줄 것이다. 힘을 모아 과거의 고통과 대면하라. 그래야 원하는 미래를 살 수 있다.

피해자 덫에 걸린 누군가를 도와주려 하는 경우에도 혼란에 빠질 수 있다. 더그의 폭력적인 행동은 주변 사람들 모두를 움츠러들게 했다. 더그와 같은 사람이 주위에 있다면 개인적, 사회적, 법적 힘을 총동원하라. 배우자나 동거인이 더그와 같다면 안전한 곳으로 피해야 할지도 모른다. 큰 개를 산다든지, 보안업체 출동체계를 갖춘다든지, 24시간 경비 인력이 상주하는 곳으로 옮기는 방법도 있다. 상대가 일정 거리 내로 접근하지 못하도록 법적 조치를 취할 수도 있다. 당장은 안전을 확보하는 것이 최우선이다.

이상하게 들릴지 모르지만 실상 가장 큰 문제는 더그가 아닌 루앤 같은 사람에게서 나온다. 고통과 무력감에 시달리는 루앤 같은 사람을 보면 구해주고 싶은 마음이 절로 들 것이다. 하지만 어떤 도움을 받든 이들은 계속 자신을 불행으로 밀어넣는다. 그러다 보면 도와주는 사람 또한 무력감을 느끼게 된다. 온전히 다른 사람에 의지해 구출된다거나 통제력을 되찾기는 불가능하기 때문이다.

모든 사람이 힘을 가지고 있다는 점을 기억하라. 아무리 수동적인 사람도 자기 힘이 있다. 이 점을 잊었다가는 상대에게 쏟는 에너지와 시간이 허사로 돌아가고 결국 자신의 신념까지 흔들릴지 모른다.

실패와 대면하기

피해자 덫에서 빠져나오려면 거짓힘을 직시할 수 있어야 한다. 자기 힘을 완벽하게 사용하는 사람은 아무도 없다. 우리 모두는 약점을 가진 인간이다. 잘못 사용하는 힘을 분석해 무엇을 바꿔야 하는지 알아내라. 문제의 핵심은 상처 주는 상대가 아니라 자기 자신의 행동임을 명심하라.

누구에게나 약점이 있다는 말은 누구에게든 강점도 있다는 뜻도 된다. 과거에 힘을 제대로 통제하지 못하는 사람과 맺었던 관계를 돌이켜 보는 과정에서 스스로가 루앤처럼 숨어 지내기보다는 당당히 맞설 수 있는 존재라고 깨달을 수도 있다. 또는 큰 소리로 위협을 하는 사람 앞에서는 위축되지만 무력감을 방패 삼아 압력을 가하는 사람과는 균형잡힌 관계를 유지해왔다는 점을 알게 될 수도 있다.

이 과정에서 자신이 힘을 오용하는 방식도 알게 된다. 자기 안에서 더그나 루앤의 모습을 발견하면서 실망하고 좌절할지도 모른다. 하지만 상처와 실패를 정면으로 바라볼 수 있어야 피해자 딪에서 벗어나 건강한 힘을 되찾을 수 있다. 공격하기보다는 확신을 주고 상처 주기보다는 치료하는 그런 힘 말이다.

더그는 최악의 상태에 이르기 전까지는 자신이 힘을 통제하지 못한다는 점을 인정하지 않았다. 어느 날 밤, 더그는 루앤을 너무 심하게 때려 병원에 실려가게 만들었다. 루앤의 상처는 맞아서 생긴 것이 분명했고 계단에서 굴러 떨어졌다는 거짓말은 통하지 않았다. 더그는 체포되었고, 법원은 보호관찰 1년과 가정폭력 상담 처분을 내렸다. 여전히 모든 잘못은 루앤에게 있다고 생각했지만 감옥에 갇히는 것보다는 낫다는 생각으로 더그는 어쩔 수 없이 집단상담에 참여하기로 했다.

상담 초기에 더그는 아예 입을 열지 않았다. 가정폭력 범죄자들과 한자리에 있다는 것조차 싫었다. '난 이놈들하고는 달라' 혹은 '판사가 잘못 판단을 한 거야'라는 생각뿐이었다. 그러다가 마침내 자기도 다른 가정폭력 남편들과 다를 바 없다는 것을 깨달았다. 그는 가정폭력범을, 자신을 미워했다. 실패를 인정하지 않음으로써 자기에 대한 미움도 감춰왔던 셈이었다. 그는 자신의 현재 모습이 죽도록 싫다는 점, 원하는 모습이 되려면 먼저 변해야 한다는 점을 받아들였다.

누구든 변화하고 싶다면 이렇게 솔직해야 한다. 변화가 필요하다는 점을 인정해야 하는 것이다. 그래야 진정한 힘을 발휘할 수 있다.

상담 초기에 더그는 참여자들이 하나둘 털어놓는 이야기를 듣지 않을 수 없었다. 그들은 이야기를 마치면서 늘 "이렇게 털어놓게 해주어서 고맙습니다"라고 인사를 했다. 더그는 그 점이 참을 수 없었다. 공개적으로 스스로 모욕하면서도 고맙다고 인사하다니! 도무지 받아들이기 어려운 상황이었다. 정말로 속에 있는 이야기를 다 쏟아내고 싶었다는 걸까? 도대체 무엇 때문에? 실패 경험이 슬프고 비극적일수록 사람들은 더 많이 격려하고 긍정적으로 반응하는 듯했다. 모두가 이야기에 빠져들었다. 사람들은 무력감을 감추는 대신 실패 경험을 낱낱이 이야기했다. 아무도 조언을 하거나 해결책을 제시하진 않았지만 그럼에도 실패를 인정한 사람들에게는 극적인 변화가 일어났다. 더그도 마침내 거기에 합류했다. 실패했다고 느끼면서도 힘이 있는 척 꾸미는 것은 무익하고 더 나아가 해로운 일이라는 점, 실패 사실을 감추는 데 급급해 힘을 잘못 사용함으로써 스스로 인생을 망가뜨리고 있었다는 점을 깨달았다.

더그는 다른 것도 배웠다. 힘에는 사물에 대한 힘, 자신에 대한 힘, 대인관계에서의 힘, 진실을 말하는 힘 등 여러 종류가 있다는 점도 그중 하나였다. 실패를 인정하면서 더그는 미처 몰랐던 다른 힘들을 느꼈다. 스스로와 남들에게, 그리고 신 앞에서 보다 솔직해짐으로써 힘의 원천을 발견한 것이다.

역설적이게도 자기 힘의 한계를 받아들이고 나면 더 큰 힘을 통제할 능력이 생긴다. 힘의 핵심이란 남에게 강해 보이는 것이 아니라 남들과 함께 더 강해지는 데 있다.

자기 힘의 한계를 인정하는 것은 무력감과는 전혀 다르다. 이는 오히려 진정한 힘의 출발점이다. 힘의 한계를 알면 언제 도움을 청해야 할지도 알 수 있다. 실패와 대면하는 것과 자기 힘을 통제하는 것이 똑같게 된다. 평안의 기도 첫 구절 '주여, 제게 바꿀 수 없는 것들은 그대로 받아들일 수 있는 평온함을, 바꿀 수 있는 것들은 바꿀 수 있는 용기를, 그리고 그 둘 사이의 차이를 알 수 있는 지혜를 주소서'는 바로 이 점을 보여준다. 실패를 인정하는 것이 힘을 통제하는 첫 걸음이다. 더 이상은 숨길 것도 지킬 것도 없다. 그때부터 인간관계는 위협이 아닌, 유대와 성장의 근원이 된다.

실수를 깨달아야 성공할 수 있다는 점은 실패의 역설이다. 모든 것이 잘되어가는 척할 때에는 전혀 불가능했던 새로운 기회와 가능성이 열린다.

실패와 대면하기 위한 7가지 자세

- 자신을 있는 그대로 받아들이기
- 다른 사람에게 무리하게 기대하지 않기
- 다른 사람과의 차이를 터놓고 이야기하기
- 용서하고 용서받기
- 사랑을 주고 사랑받기
- 자기 모습 그대로 살기(너무 크지도 너무 작지도 않게)
- 자기 힘의 정도와 한계를 알고 표현하기

과거에서 배우고 현재에 머무르기

피해자 덫에서 자유로워지려면 과거의 경험을 이해하고 해결해야 한다. 과거에 중요했던 사건이나 일이 현재와 미래에도 영향을 미치기 때문이다.

예를 들어 한 번도 보지 못한 아버지의 자리를 채우기 위해 루앤은 환상 속의 아버지를 만들었다. 어릴 때는 어머니로부터, 이후에는 당면하는 모든 위협에서 자신을 지켜주고 더 편하게 살도록 해주는 존재로 말이다. 이 환상으로 말미암아 루앤은 남편의 폭력성이 남성적인 힘의 발현이 아닌 거짓힘이라는 점을 보지 못했다. 루앤은 자신이 더그의 모습을 실제와는 다르게 인식하고 있었고, 이는 스스로 책임지는 데 따르는 고통을 피하기 위해서였다는 점을 인정했다.

루앤은 강한 아버지의 이미지를 상상하며 더그와 결혼했다. 하지만 더그는 강한 게 아니라 실패를 가리기 위해 자기 생각만 고집하고 있었다. 루앤에게는 상호적인 관계, 균형잡힌 존중 관계가 필요했다. 이런 점을 깨닫자 비로소 자신의 참모습과 진정으로 원하는 것이 보였다.

병원에 입원하게 되자 루앤도 더 이상 진실을 부정할 수 없었다. 더그에 이어 루앤도 집단상담을 시작했다. 처음에는 루앤 역시 상담을 탐탁지 않아 했다. 더그가 그렇게 행동하도록 만든 건 자기라는 생각이 남아 있었기 때문이었다.

그러나 집단상담에 참여하면서 루앤은 자신이 그저 작아지는 것으로 스스로를 보호하려 했음을 깨달았다. 강한 아버지를 바랐던 마음 때문에 더그의 자기중심적인 행동을 용인했고 이로 인해 상황은 계속 나빠지기만 했던 것이다. 참고 더욱 사랑해주면 언젠가는 좋아질 것이라는 루앤의 믿음은 실수였다. 루앤은 다른 여자들이 털어놓는 이야기를 들으면서 '더그를 행복하게 해주려던' 자기 행동들이 실은 남편의 폭력적인 행동을 통제하려는 시도였음을 알게 되었다. 힘을 간접적으로 통제하려는 그 전략 아래에는 책임은 지지 않으면서 원하는 바를 얻으려는 마음이 잠재되어 있었다. 시간이 흐르면 해결되겠거니 여겼지만 정말로 필요했던 것은 솔직함, 그리고 현실 인정이었다.

상담을 거치면서 더그와 루앤은 힘을 통제하려면 과거와 화해해야 한다는 점을 배웠다. 두 사람이 상대가 아닌 자신을 향해 힘을 사용하기로 결심하자 긍정적인 변화가 일어났다. 상대를 변화시키기는 절대로 불가능했지만 자신은 바꿀 수 있었던 것이다. 학대의 순환고리가 이제 사랑의 상승 나선으로 바뀌었다. 고통을 공유하고 나자 실패도 덜 부끄러웠고 동지의식도 커졌다. 자신에게 보다 솔직할 수 있는 힘도 생겼다. 고통스러운 상황이 닥쳐오더라도 피하지 않고 마주 보면서 사랑을 확인할 기회로 삼았다.

책임지고 책임 묻기

힘은 끊임없이 흘러가는 물과 같다. 움켜쥐고 보존해두어야 하는 자원이 아니다. 마찬가지로 위협이나 조종으로 남을 움켜쥐려고 하면 인생을 바꾸는 보다 중요한 힘을 잃게 된다.

오랜 시간을 허비하고 많은 이들에게 상처를 입힌 후에야 자신이 제대로 힘을 통제하지 못했음을 깨닫는 사람이 참으로 많다. 자기 고통에 눈이 멀어 정작 자신이 남에게 입히는 상처는 보지 못한다. 행동의 결과가 경고신호를 보내면 그때서야 문제를 인식한다. 너무 크거나 작은 행동이 엄청난 문제를 일으키기 전에 작은 단서들을 민감하게 인식할 필요가 있다.

잘못된 힘의 경고 신호

- 더그의 모습에서 비슷한 점이 조금이라도 보이는가
- 루앤에게서는 어떤가
- 위협을 받거나 남을 위협하고 있는가
- 폭력, 비꼬기, 모욕, 협박을 주고받는가
- 솔직한 감정을 드러내면 고통받을까 봐 두려워 정면대결을 피하는가
- 목적을 달성하기 위해 남몰래 전략을 짜고 있는가
- 누군가 나타나 구해주기를 기다리는가

자신에게 더그 혹은 루앤과 비슷한 점이 있다면 주변에 상처 입은 사람이 있을 것이다. 스스로 문제를 못 느끼고 있다면 더 큰 문제이다. 피해자 덫에 걸린 사람은 크든 작든 간에 남에게 상처 입히는 자기 행동이 정당하다고 생각한다. 피해자 덫의 부정적인 영향에서 안전한 사람은 없

다. 자신이 가진 힘의 크기와 한계를 깨닫지 못하는 한 학대나 조종에서 안전한 사람도 없다.

힘을 오용하여 남에게 입힌 상처에 책임을 지려면 그냥 인정하는 것만으로는 부족하다. 상황을 해결해야 한다. 때로는 진심어린 사과만으로도 일이 해결된다. 의료비나 치료비를 부담하고 훔친 물건을 돌려주거나 공개적으로 진실을 밝혀야 할 수도 있다. 책임을 지려면 힘을 제대로 통제하지 못해 생긴 혼란이나 갈등까지 깨끗이 처리해야 한다.

자기 행동에 책임을 진 다음에는 남들이 제대로 통제하지 못하는 힘으로부터 자신을 보호해야 한다. 더그 같은 사람과 함께 있다면 위협적인 행동을 막는 데 집중하고 루앤 같은 사람과 함께 있다면 보호자 역할을 자청해서는 안 된다. 이때 남의 행동에 책임을 지려 하지 말고 상대가 자기 행동에 책임을 지도록 도와라. 이를 위해서는 존중하기, 상황 정리하기, 경계 명확히 하기가 필요하다. 타운젠드(John Townsend)와 클라우드(Henry Cloud) 박사가 쓴 『경계』를 보면 '경계는 무엇이 나이고 무엇이 내가 아닌지 설정해준다. 어디서 내가 끝나고 다른 사람이 시작되는지 보여주어 주인의식을 부여한다'라고 되어 있다. 담장이나 벽 같은 실체적인 경계와 달리 감정적·관계적 경계는 규명하기가 쉽지 않다. 하지만 피해자 덫에서 벗어나려면 반드시 명확한 경계가 설정, 유지되어야 한다.

여기에 한 가지 주의사항이 있다. 혼자만의 경계 설정 노력은 상대의 변화와는 아무 상관이 없다는 것이다. 피해자 덫에 걸려 있는 사람은 오히려 그 노력을 자신에 대한 비난으로 받아들일 가능성이 높다. 그러면 실패 감정을 피하기 위해 힘을 더욱 오용할지도 모른다. 거짓힘을 과시하거나 한층 무력한 역할로 도피할 수도 있다. 경계 설정은 자신을 위한 일일 뿐 상대에게는 성찰이나 반성의 기회가 되기 어렵다. 상대의 삶에 변화가 생기려면 상대방도 스스로 성장을 결심해야 한다.

첫째, 책임 한도를 명백히 하라

경계가 모호하거나 늘 침해되는 가정에서 자랐다면 이는 쉽지 않은 일이다. 남의 잘못으로 대신 꾸중 듣는 일이 반복되면 자기 힘이 어디서 시작되고 끝나는지 혼란을 겪게 된다. 고통받은 아이가 비난까지 듣는 일을 어렵지 않게 볼 수 있다.

"아버지가 시끄러운 음악을 싫어하신다는 걸 알잖니. 어째서 음악을 크게 틀어 아버지가 화나시게 하니? 맞을 짓을 한 거야."

"그렇게 야하게 입고 다니지 않았다면 성폭행당할 일도 없었겠지."

학대받은 아이를 비난하는 사회에서는 아이가 '내가 나빠 상처받는 것'이라는 믿음을 내면화하기 쉽다. 학대를 자기 책임으로 느끼는 아이는 원인과 결과를 거꾸로 뒤집어 '상처받는 걸 보면 난 나쁜 아이야. 착한 아이가 되면 안전할 거야'라는 결론을 내리기도 한다. 두려움을 통제하지 못하는 사람들의 무의식을 들여다보면 대부분 안전과 선악이 거꾸로 연결되어 있다. 고통을 피하기 위해 이들은 착한 사람이 되는 데 엄청난 에너지를 투자한다.

이런 생각은 그 자체로 틀릴뿐더러 자신의 두려움이나 위험한 상대를 효율적으로 통제하지 못하도록 만든다. 좌절감을 느낄 때마다 착하게 행동하면서 그릇된 기대를 가져 더 큰 위험에 노출되고 만다.

경계가 존중되지 못한다면 다시 경계를 분명히 하거나 재설정해야 한다. 남들이 자신의 경계 기준에 맞춰 살도록 하는 것은 자기 책임이 아니다. 하지만 자기의 경계를 존중받고 유지하는 것은 자기 책임이다. 자기가 가진 힘을 거기에 쏟아야 하는 것이다.

둘째, 경계 설정 방법을 익히고 침해당할 경우의 대책을 세워라

경계 설정은 힘을 표현하는 동시에 한계를 확인하는 일이다. 건강하고 균형잡힌 경계 설정은 쉽지 않다. 잘못하면 경계 자체가 남에게 상처를 입히고 힘에 대한 환상을 심어주는 또 다른 무기가 되기도 한다.

건강한 경계를 설정하자면 자신의 책임이 어디서 끝나는지 살펴 거기에 선을 그어야 한다. 예를 들어 더그는 루앤의 모든 꿈을 실현시켜 주는 환상 속의 아버지 역할까지 해야 한다는 책임감을 느꼈고, 자신의 무력감에 그 불가능한 과업까지 짊어지게 되어 결국 패배감에 휩싸여 학대 상황이 빚어졌다. 집단상담을 통해 더그는 루앤의 감정은 자신이 아닌 루앤의 책임이라는 점을 알게 되었다. 두 사람은 부부상담을 받으면서 경계를 설정했다. 집에서 이야기를 나눌 때는 루앤이 자기 감정에 책임을 지는 상황에서만 더그가 루앤의 말에 귀를 기울이기로 했다. 반면 비난받는다고 느끼는 상황이라면 "이 문제는 안전한 상황에서 이야기해야겠군. 다음번 상담 때 안전하게 의논합시다"라고 말하기로 했다. 루앤이 원하는 일을 해주지 않았다고, 자기를 행복하게 해주지 못했다고 불평을 시작하면 더그는 자기 힘에 한계를 설정하고 건설적인 대화가 가능하도록 이끌었다.

남들과의 관계에서, 경계 설정 방법을 익히고 나면 자신을 위한 경계 설정 필요성도 느끼게 된다. 무력감이 위험하다는 것은 자기 자신 안에서도 마찬가지이다. 자신을 보호하려면 남들뿐 아니라 자신의 행동에도 책임을 져야 한다. 더그는 자기 행동에 한계를 설정하고 혹시라도 흥분하여 통제범위를 넘을 것 같으면 집단상담 동료에게 전화를 하기로 약속했다. 처음에는 하루에도 몇 번씩 전화를 걸었다. 하지만 전화 거는 횟수가 점점 줄어들었다.

루앤 또한 거짓힘의 경계를 설정했다. 비아냥거리거나 놀리면서 남편을 조종하려 했다는 점을 깨달은 후 루앤은 남편과 마주 앉아 눈을 바라보며 사과했다. 또한 집단상담 자리에서 자기가 어떻게 힘을 오용했는지 털어놓았다. 남편에게 사과하고 공개적으로 자기의 수동적 공격성을 털어놓는 일은 감정적으로 힘들었지만 변화의 계기가 되었다. 그 과정을 통해 더 힘 있고 사랑이 넘치는 사람으로 성장했다.

경계 유지를 요구하는 일은 혼란스러울 수 있다. 특히 처음으로 자기 힘을 발휘하기 시작한 사람에게는 더욱 어렵다. 경계 유지를 요구하는 행동이 따로 정해져 있는 것은 아니다. 상대를 저지시킬 수도, 적극적으로 요구할 수도 있다. 때로는 두 가지 모두가 필요할 수도 있다.

부부관계가 회복되면서 루앤은 남편의 변덕스러운 기분에 자기 책임이 없다는 점을 깨닫고 남편의 통제되지 않은 힘에 대응하는 방식을 바꾸기로 했다. 상담치료사와 의논한 끝에 찾아낸 방법은 다음과 같았다. 남편이 목소리를 높이면 진정하고 통제력을 찾을 때까지 대화를 중단하겠다고 말하고 그 방에서 나왔다. 더그가 뒤따라오며 소리를 지르면 루앤은 차를 타고 집단상담에서 만난 친구의 집으로 피했다. 더그가 어떤 위협적인 행동을 하든 루앤은 경계를 넘지 않았고 남편에게도 경계 유지를 요구했다.

자기 행동에 책임을 지지 않는 사람에게서 자신을 보호하려면 우선 스스로의 힘과 한계를 알아야 한다. 상대가 행동에 책임을 지도록 하고 스스로도 책임을 져라. 남들이 경계를 침범하지 못하도록 해 스스로를 지켜라. 육체적·심리적 폭력이 예상되는 상황이라면 당장 빠져나와라. 친구, 가족, 전문 치료사, 집단상담, 법과 경찰력의 도움을 받아라.

●● 현재 기분 파악하기

함께 있으면 불안하고, 그때 자신이 하는 행동이나 모습이 싫어지는가? 무력감을 느끼고 힘을 빼앗긴 것 같은가? 처음에는 이런 기분을 알아채기 어려울 수도 있다. 그러나 자신의 힘이 느껴지지 않는다면 솔직한 대화나 감정 표현이 이루어지지 않는다는 신호이다. 한 걸음 뒤로 물러나서 반복적으로 일어나는 힘의 불균형 상황을 차분히 정리하라.

●● 무의식까지 내려가기

관계에서 억압감을 느껴 그 때문에 자기존중감이 상처 입었다면 무의식적인 느낌을 온전히 드러내지 못할 수 있다. 그러나 당신이 의식 바깥에 무엇을 감추고 있는지, 상대가 어떤 생각을 회피하도록 하는지와 관련된 모든 경험과 행위를 떠올리며 감춰진 감정까지 파악해야 한다.

●● 내 태도 결정하기

화가 난다고 맥락도 없이 다짜고짜 이야기하는 것은 효과적인 방법이 아니다. 한계와 결과를 설정하고 그 관계에서 당신이 원하는 것이 무엇인지 분명히 하는 것이 중요하다. 감정만 내세워 상대와 대립하면서 변화하길 기대한다면 이는 비현실적이다. 상황을 어떻게 만들어가야 할지 치밀하게 계획할 필요가 있다. 혼자 끙끙대지 말고 믿을 만한 사람에게 조언을 구하

라. 폭력이 개입된다면 혼자서 해결할 수 없다.

● ● 상대에게 책임 묻기

학대를 한 상대에게 책임을 지우려면 화를 참아야 한다. 상처 준 행동을 분명히 말하고 어떤 부분을 받아들일 수 없는지, 어떻게 해결이 가능한지 설명하라. 당신이 받아들일 수 없는 부분, 따라서 변화되어야 할 부분은 무엇인가?

● ● 내 책임 인정하기

이런 관계가 만들어진 것은 당신 잘못이 아니지만 그 관계에 그대로 머무른 것은 당신 잘못이다. 관계의 규칙을 바꾸어 머무르든지, 아니면 떠나버리든지 해야 한다. 자기통제가 되지 않는 상대를 사랑으로 변화시키겠다는 전략은 성공하기 어렵다. 죽을 때까지 노력만 하다 말 확률이 높다.

● ● 한 발 나아가기

그 관계에서 자신과 남들에 대해서 무엇을 배워야 하는가? 이제껏 제대로 활용하지 못했지만 지금부터는 적극 이용해야 하는 나만의 장점은 무엇인가? 힘을 통제하지 못하는 상대와 관계를 끊기로 했다면 거기서 얻게 되는 것이 무엇일지 가능한 한 많이 생각해둬라. 그렇지 않으면 같은 일이 반복될 가능성이 크다.

●● 내 힘 되찾기

힘을 통제하지 못하는 상대의 곁에 있다 보면 당신도 힘을 빼앗긴다. 어떻게 스스로 무력하다는 생각을 갖게 되었는지, 자신의 장점이나 힘은 무엇인지 떠올려보라. 실제보다 더 강한 척하지는 마라. 그랬다가는 또다시 덫에 걸려들고 만다.

●● 관계 재정립하기

계속 이어질 관계라면 어떻게 안전한 경계를 설정할지 논의하라. 신뢰를 쌓기 위해 무엇을 하고 당분간 단 둘이서는 시간을 보내지 않음으로써 관계를 재정립하자고 분명히 전달해야 한다. 이때 무력감을 느끼는 사람들이 일으킬 수 있는 위험을 과소평가하지 마라. 새로운 행동이 효과를 거두려면 남들의 도움이 필요할지도 모른다.

제7장

건강하고 성숙한
관계로 나아가는
10가지 방법

관계의 건강성을 가름하는 척도는 여러 가지다.
그중 안정성, 내적 힘, 현실감각, 정체성, 경계, 성장, 변화, 문제 해결,
감정 통제, 용서의 10가지 척도가 가장 보편적이다.
내 인간관계를 건강하게 만들려면 이 10가지 요소를 튼튼하게 꽃피워야 한다.

우리가 살면서 느끼게 되는 모든 고통은 누구 탓인가? 답은 누구의 탓도 아니라는 것이다. 바꿔 말하면 우리 모두의 책임이다. 우리는 자신의 행복에 대해, 남에게 부정적인 결과를 가져온 자신의 선택에 대해, 자기가 가진 힘을 스스로 잃어버린 데 대해 책임을 져야 한다.

우리는 인간관계에서 생기는 모든 일에 책임이 있다. 인간관계는 새로운 상황을 경험함으로써 성장할 수 있는 도전이 된다. 또한 과거의 실패와 다시 한 번 맞닥뜨릴 기회도 된다. 인간관계의 중요한 목적 가운데 하나는 새로운 사랑과 인정을 통해 과거의 상처를 치료하는 데 있다. 지금까지 까지거나 다친 상처 하나 없이 살아온 사람은 아무도 없다. 이상적인 관계만 맺을 수 있는 완벽한 사람은 없는 셈이다. 하지만 상대의 특성에 따라 관계를 평가하고, 보다 건강한 상황을 만들기 위해 노력하는 일은 가능하다.

옆쪽의 표는 건강한 관계와 피해자 덫에 걸린 관계를 10가지 항목으로 비교하고 있다. 이 항목들은 인간관계의 건강성을 가름하는 중요한 요소들이다.

이 표를 이용해 관계를 평가하기에 앞서 주의해야 할 점이 있다. 모든 연구 결과가 그렇겠지만 여기에는 삶의 복잡성이 망라되어 있지 못하다. 이 표만 보고 자신이나 남을 비난하지 마라. 비난은 관계를 더 깊은 피해자 덫으로 끌고 들어갈 뿐이다. 또한 이 표를 이것 아니면 저것이라는 이분법적 평가자료로 삼지는 마라. 그보다는 정도의 차이가 있는 스펙트럼 상의 양극단으로 생각하는 편이 정확하다. 우리의 인간관계는 양극단 사이의 어느 지점에 위치할 것이다. 한쪽으로 치우쳤다면 더 건강하거나 혹은 더 많이 덫에 걸렸다는 의미이다.

	건강한 관계	피해자 덫
안정성	간혹 위기가 찾아오나 안정적임	위기가 자주 찾아오며 변화가 많음
내적 힘	자신과 남에게 책임을 물음	자신과 남을 비난함
현실감각	융통성이 있고 현실감각이 공유됨	불안정하고 고립되어 있음
정체성	현재의 인간관계를 발전시킴	과거 경험에 매여 있음
경계	설정된 경계가 존중됨	침범 가능하거나 지나치게 경직됨
성장	실수에서 학습함	실수가 반복됨
변화	개방적이고 기대가 현실적임	폐쇄적이며 기대가 비현실적임
문제 해결	관계를 마무리하고 나아감	남에게 매달리거나 서둘러 관계를 종료함
감정 통제	감정의 폭이 넓고 잘 통제되어 있음	감정에 압도되고 휘둘림
용서	용서하지만 기억함	변명하거나 복수의 기회를 찾음

각각의 항목을 좀 더 자세히 살펴보자.

안정성

처음 만날 때부터 이 관계가 앞으로 피해자 덫에 걸릴 것이라 예상하기는 불가능하다. 특히 한쪽 혹은 양쪽이 이혼, 사별, 이직, 졸업, 은퇴 등 위기나 변화 과정을 경험하는 상황이라면 더욱 그렇다. 위기가 닥치면 우리는 방황하고 새로운 균형을 찾기 위한 시공간적 여유와 주변의 지원, 격려를 필요로 하게 된다. 자신이 상대를 진정으로 돕고 있는지, 아니면 의도치 않게 상대를 무력하게 만들어 관계를 피해자 덫에 밀어넣고 있는지 구별하는 방법은 무엇일까?

느낌이 훌륭한 기준이 된다. 성장과 변화를 겪고 있는 상대와의 관계는 힘을 부여해주고 든든하며 신이 난다. 엄청난 노력을 쏟아부어야 하는 상황이라 해도 사랑하는 상대가 성공하고 목표를 이룬다면 보상받았다고 느낀다. 바라던 대로 치유되는 데 여러 해가 걸릴 수도 있다. 사고나 학대로 육체적, 정신적 장애를 입은 사람이라면 독립적인 생활이 영원히 불가능할 수도 있다. 하지만 이런 사람이라도 자기 힘을 가지고 행동하는 것은 가능하며 이렇게 되기만 하면 우리의 투자는 제 가치를 다한 것이다.

반면 피해자 덫에 걸린 관계에 시간과 에너지를 투자하는 경우에는 강탈당하는 느낌이 든다. 상대는 내가 하는 말을 듣지 못하는 것 같다. 무언가 제안을 하면 "그래, 하지만…… 때문에 난 그렇게 할 수 없어"라는 대답이 돌아오기 일쑤다. 자신이 느끼는 좌절감의 정도는 관계의 지속 기간이 아닌, 상대가 보이는 무력감에 따라 달라진다.

관계가 피해자 덫으로 끌려 들어갈 것 같다는 생각이 든다면 다음과 같은 질문을 던져보라.

- 이전에 나는 변화를 기대했다가 반복적으로 실망했는가
- 그 실망감에 따라 언제 무엇을 기대해야 할지에 대한 생각이 계속 바뀌어왔는가
- 상대를 위해 변명거리를 찾지는 않았나

답변이 '그렇다'라고 나온다면 그 관계는 정말로 심각할지 모른다.

내적 힘

　관계에서 내적 힘을 어떻게 통제하고 있는가? 양쪽 모두가 각자의 힘을 가지고 있다면 이는 건강하고 도움이 되는 관계이다. 관계가 건강할수록 함께할 수 있는 일도 많아진다. 자기 힘을 확신하는 사람들은 서로의 감정 표현에 귀를 기울이고 감정을 공유하기 때문이다.

　반면 힘을 통제하지 못하는 사람들은 인생의 온갖 스트레스에 과도한 책임을 느끼거나 무력감에 빠져 파괴적인 인간관계를 맺게 된다. 피해자 덫에 깊이 갇혀 있을수록 그 관계는 더욱 위험하고 소모적이다. 말을 해도 상대는 들어주지 않고 인간관계는 점점 더 혼란에 빠진다. 늪에 빠지는 것처럼 몸부림치면 칠수록 혼란과 어둠이 심해질 뿐이다.

　힘이 공유되는 관계에서는 양측이 개인적인 목표와 공동의 목표를 모두 지니고 서로를 지원한다. 하지만 어느 한쪽이라도 무력감을 느낀다면 이는 불가능하다. 자기는 힘을 확신하고 있지만 상대는 무력하다고 여긴다면 결국 그 관계에서 패배감과 좌절감을 맛보게 된다. 피해자 덫의 사고방식을 가진 상대와 관계를 맺으면서 에너지를 투자하고 있다면 자기도 모르게 피해자 덫에 갇히고 만다. 그런 관계에서 행복을 찾기란 불가능하다.

관계를 피해자 덫에서 끌어내는 일은 쉽지 않다. 상대의 무력감을 짚어주면 그저 숨어들거나 수치심에 사로잡히기 쉽다. 관계의 문제를 의식 차원으로 끌어내려는 시도가 비난과 공격으로 받아들여지는 것이다. 문제 해결을 위해 아무것도 할 수 없다는 무력감에 휩싸인 상대는 비난을 쏟아내게 된다.

피해자 덫의 사고방식을 가진 사람은 상대를 '좋은 사람 VS. 나쁜 사람' '내 편 VS. 반대편' '안전한 인물 VS. 위험인물'같이 두 유형으로만 구분한다.

섣불리 그 사고방식을 바꾸려 했다가는 자신도 순식간에 '나쁜 사람, 반대편, 위험인물'로 분류되고 만다. 상대에게 진지하게 문제를 제기하기 전에 이런 가능성에 대비하고 자신을 보호할 대책을 마련하라. 변화를 원치 않는 사람들로부터 오는 피드백은 신뢰하기 어려운 경우가 많으므로 조심해야 한다.

비난은 아무런 도움이 되지 않는다는 점을 기억하라. 관계를 더 발전적인 방향으로 끌고 가자는 것은 요구가 아니라 초대여야 한다. 인간관계를 함께 만들어나가야 하는 책임감을 강조하라.

우리 모두에게는 관계에서 자신이 가진 힘을 인식하고 그 힘을 성장을 위해 사용할 책임이 있다. 힘을 가졌다는 점을 알고 나면 한계를 인정하는 것도 가능해진다. 자기 힘을 안다는 것은 상대보다 더 큰 존재라는 인식이 아닌, 자신이 무엇을 할 수 있고 할 수 없는 존재인지 아는 일이다. 힘이 있는 사람은 남이 자신과 다르다는 사실을 자연스럽게 받아들이고 상황에 따라 강한 모습과 약한 모습을 보일 줄 안다.

비난이 아닌 책임에 초점을 맞추면 문제가 아닌 해결책에 집중할 수 있다. 이를 통해 마음의 평화를 추구하게 된다. 자신이 맺는 인간관계에 대해 어떻게 느끼는가? 힘을 얻고 생기를 얻는가? 도전과 자극을 받는가? 아니면 좌절감과 무력감을 느끼는가? 실망스러운가? 힘을 가진 사람들의 관계라면 그 안에서 자신도 힘을 느끼게 될 것이다. 진정한 힘은 상대에게까지 힘을 부여하기 때문이다.

내적 힘은 평화로움으로 귀결되곤 한다. 평화는 고고하게 삶에서 물러나는 것이 아니다. 삶에 역동적으로 참여할 때 얻어진다. 피해자 덫에 걸린 사람은 절대 삶의 평화로움에 도달할 수 없다. 그저 피하려고만 들기 때문이다. 최고의 평화는 과거의 인간관계로 인한 고통을 피하려는 태도가 아니라 해결하려는 데서 얻어진다. 이는 우리 모두에게 주어진 도전이자 피해자 덫에서 자유로워지기 위한 열쇠이다.

현실감각

　피해자 덫에 걸려본 경험이 있는가? 그렇다면 어느 시점에선가는 자신이 현실을 제대로 보고 있는지 의문이 들었을지도 모른다. 자신이 하는 말은 왜곡과 자기부정으로 가득차고 행동의 동기가 의문스러우며 남을 도우려 하면 상처 준다는 말이나 듣게 된다. 결국은 '내가 여기서 뭘 하는 거지?'라는 질문을 자신에게 던지게 된다. 자신이 과연 어떤 사람인지 의아해지기도 한다.

　관계가 건강하면 과거의 사건에 대해, 그 사건의 의미에 대해 더 쉽게 합의를 이룰 수 있다. 상처 입었지만 여전히 힘을 가지고 있는 사람과는 현실을 공유할 수 있다. 이러한 현실공유는 두 사람이 동일한 방식으로 관계 또는 인생을 경험해야만 가능한 것은 아니다. 사람마다 자기시각이 있는 법이다. 하지만 현실을 공유하는 사람들은 과거의 중요한 측면에 대해, 관계의 척도에 대해 인식을 공유하며 상대가 어떤 느낌을 가지는지 이해하고 서로의 공통점과 차이점을 받아들인다.

상대와 함께 느낌과 관점에 대한 이야기를 나누고 공동의 이해에 도달할 수 있는가? 두 사람 모두 상대의 관점을 이해하고 더 나아가 상대가 느끼는 감정의 이유를 알며 솔직하게 말할 수 있는 단계에까지 도달해야 한다. 현실공유는 합의를 넘어선 이해 상태에서만 가능하다.

각자 힘은 있으나 양쪽 모두 자기 힘이 더 세다고 생각하는 경우에도 현실공유를 이루기가 어렵다. 피해자 덫에 걸린 사람들은 상대의 느낌, 시각, 경험에 의혹을 제기함으로써 왜곡된 힘을 표현한다. 결국 자기의 고통과 희생에 대해 상대를 비난하려든다. 상대가 자신의 현실감각에 미칠 수 있는 영향력을 절대 과소평가하지 마라. 자신과 상대가 '세상에 저항하고 있다'고 믿기 시작했다면 그건 심각한 상태라는 뜻임을 명심하라.

피해자 덫에 끌려들어가지 않으려면 튼튼하고 건강한 지원 네트워크를 만들어야 한다. 무력감에 빠진 상대와 장기적인 친밀관계를 형성하고 있다면 숙련된 전문가의 도움을 받아 상대의 비난이나 통제되지 않은 감정 처리에 대처할 수 있다. 집단상담도 매우 효과가 있다. 친구나 가족들은 건설적인 시각을 제시해줄 수 있다.

피해자 덫에 걸린 관계가 자신의 지원 네트워크를 파괴할지 모른다는 점도 염두에 둬라. 특정 상대를 제외한 다른 사람과의 관계를 단절해야 한다는 압력을 받을지도 모른다. 상대는 관계에 영향을 미칠 사람을 근처에 두고 싶어 하지 않을 테니 말이다. 상대는 무의식적으로 통제하려 하겠지만 자기 주변에 다른 시각을 견지하는 지원자들이 있다면 이는 불가능하다. 남들의 의도를 의심해보라는 둥, 둘만의 관계에 대해 남에게 이야기하는 것은 배신행위라는 둥의 말이 나올지도 모른다. 이런 식으로 자신을 고립시키려는 상대를 감싸거나 방어하고 있다면 이는 피해자 덫에 휘말리고 있다는 증거이다. 자기 힘을 지닌 사람들이 공유하는 현실을 더 이상 받아들이지 못하게 되었으니 말이다.

정체성

　우리가 스스로를 어떻게 바라보는가는 새로운 경험을 통해 계속 바뀐다. 좋은 경험은 자신에 대한 확신을 키운다. 반면 현재의 자기 이미지와 반대되는 경험을 하면, 특히 상처를 크게 남기는 경험을 했다면 그 고통의 순간에 자기정체성을 고정시키는 오류를 범할 수도 있다.

　피해자 덫에 걸리면 정체성이 과거의 나쁜 경험에 따라 결정되어버린다. 힘 있고 유능한 인물로 자신했던 여성이 한 번 강간을 당한 후에는 '나 = 강간당한 사람'이라는 공식을 만들어버린다. 강간 사건이 정체성의 핵심이 되고 만 것이다. 자기정체성의 이러한 변화는 강간 상황에서 강간범과 피해자 사이에 일어났던 역학관계의 결과이다. 강간범과 피해자가 그 순간 일시적으로나마 강간범은 강하고 피해자는 약하다는 데 감정적으로 동의해버린 것이다. 감정적 압박감 속에서 내려진 이런 결론은 무의식 속에 깊이 새겨진다.

마찬가지로 스스로를 당당한 남자이고 충실한 가장이며 매력적이고 강력한 존재라 여겼던 남성이 이혼을 하게 되었다고 하자. 이혼 과정에서 감정적 흥분과 욕설, 변호사와의 싸움 등을 경험하고 나면 자신을 전(前) 부인과 사법체계에 무력하게 당한 피해자로 인식할 수 있다. 친구들이 아무리 위로와 격려의 말을 건넨다 해도 전 부인·사법체계와 공유한 사실, 즉 그가 무력한 인간이라는 현실인식을 바꾸지 못한다. 잠시라도 남의 힘에 제압당하면 정체성은 극적으로 변할 수 있다. 이전까지 자신만만하던 사람이 쉽게 포기하고 무력감을 느끼며 더 이상 자기에게 힘이 없다고 믿기 시작한다.

피해자 덫에서 빠져나오려면 정체성의 바탕을 이루는 개인의 내적 힘을 되찾아야 한다. 힘 있는 존재로 자신을 재설정하기 위해 힘을 빼앗겼던 과거의 경험에 새로운 의미를 부여해야 한다. 일어났던 일을 바꿀 수는 없지만 그 의미는 바꿀 수 있다. 이때 그저 과거의 사건을 이야기만 하는 것은 도움이 되지 않는다. 그 과거를 바라보는 방식과 스스로를 바라보는 방식까지 바꿔주어야 한다.

강간을 당했던 여성은 그 일을 성적인 사건이 아닌 폭력 사건으로 바꿔 생각하면서 자신을 새로운 눈으로 바라볼 수 있게 되었다. 성적으로 방종한 존재라는 생각을 더 이상 하지 않게 된 것이다. 주변에 사실을 알리고 도움을 받고 상담교실에 가고 강간범을 기소하는 등 폭력에 당당히 맞선 자기 모습에 자부심을 느끼기도 했다. 자신을 강간 피해자나 간신히 살아난 생존자로 규정하는 대신 용기 있는 여성, 도전적인 경험을 무사히 이겨낸 존재로 보게 되었다.

결혼생활의 실패로 분노와 무력감에 휩싸였던 남성은 이혼의 의미를 온전히 자기 잘못으로 인한 실패가 아닌 부부 양쪽이 책임져야 하는 일로 생각을 바꿨다. 전 아내의 부정적인 평가를 그대로 받아들이지 않고 자신이 진정 어떤 사람인지 스스로 판단을 내렸다. 고통스럽기는 해도 이혼이라는 경험은 새로운 관계를 형성하기 위한 긍정적인 토대가 될 수 있다. 실패가 아닌 새로운 출발점인 것이다. 무력감은 정체성의 토대가 되는 대신 일시적이고 특별한 경험으로 규정되었다. 고통스러웠던 사건에 대해 이야기하면서 그 의미를 바꿔나가는 작업은 대단히 효과적인 치유법이다.

학대 사건의 의미를 바꾸면 자신에 대한 의미 규정, 자기가 가진 힘에 대한 인식도 함께 바뀐다. 남의 힘에 눌리거나 이용당한 사건이 곧 무력감을 의미하지는 않는다. 상처 입힌 사람의 시각을 거부하고 자신을 사랑해주는 사람들과 현실인식을 공유하라. 자신의 힘을 인식하라. 건강한 인간관계를 이루려면 우리가 먼저 자신을 힘 있는 존재, 가치 있는 존재라고 여겨야 한다. 그런 자기 이미지를 만들어줄 수 있는 상대를 선택하는 것도 중요하다.

경계

앞서 언급했듯 특정 관계가 피해자 덫에 갇혀 있는지를 나타내는 최고의 지표는 자신이 어떻게 느끼는가이다. 함께 있는 상대는 어떤지 몰라도 자신은 행복감과 충족감을 느끼는가, 아니면 남들이 원하는 대로 움직여줘야 행복하다고 느끼는가? 자신의 힘을 몽땅 상대에게 넘겨주었는가, 아니면 나름의 선택권과 행복권을 유지하고 있는가? 상대의 기분에 휘말리지 않고 상대를 돕고 지지할 수 있다면 그 인간관계에는 건강하고 강력한 경계가 존재하는 것이다.

개인적 경계를 설정하고 지키도록 만드는 데는 책임 묻기 3단계가 유용하다. 다시 설명하면 사건이나 행동 기술하기, 그 사건이나 행동이 미친 영향 기술하기, 관계를 회복하기 위해 어떤 보상이 가능한지 기술하기이다.

간단해 보이지만 실제로 이 단계를 따르기는 쉽지 않다. 피해자 덫에 갇혀 있으면 건강한 경계를 설정하려 할 때마다 온갖 방해요인이 등장한다. 특히 상대가 현실인식을 공유해주지 않는 상태라면 경계를 설정하는 데 엄청난 에너지가 소모된다. 자신이 이런 상황이라면 목표가 그때 그때 좋은 기분을 유지하는 게 아니라 궁극적으로 관계를 개선하는 것이라는 점을 기억해야 한다. 관계를 변화시키기 위해 때론 전투가 필요할지도 모른다. 하지만 분명한 경계를 설정하고 상호책임을 지는 일은 관계를 건강하게 유지하는 데 피할 수 없는 과업이다.

경계 설정이 어려울 때는 현실인식을 공유한다는 것 자체가 아예 불가능해 보일지도 모른다. 해결되지 않은 고통이 현실공유를 막는 장벽이 되기도 한다. 이럴 때에는 제3자의 도움을 받아라. 자신을 잘 알고 도움이 되는 조언을 해줄 수 있는 이를 찾아야 한다. 한 사람 이상의 조언이 필요한 경우도 있다. 조언자는 조언해줄 사람과 아무 이해관계가 없는 상태여야 한다. 고통 때문에 자신의 시각이 왜곡되었을지도 모른다는 점도 기억하라.

경계를 설정하고 책임을 묻기 위해 주변의 다른 인간관계를 동원할 때 주의해야 할 점이 있다. 무력한 사람도 주변에 제3자들을 모아놓고 자신을 지지하도록 만든다. 자신은 부당한 대접을 받았으며 자신 외의 다른 이들은 모두 힘을 가진 가해자라고 말이다. 특히 무력감이 큰 사람은 자신의 의견을 말하는 대신 남들의 의견 뒤에 숨는다.

"우리 오빠가 그러는데 당신은 내게 그런 짓을 할 권리가 없대."

"내가 만난 상담치료사는 당신의 요구가 근거 없고 부당하다고 말했어."

이렇게 말을 전달하는 식으로 한다. 양쪽 당사자가 자신을 지지하는 사람들을 늘어세우는 것만큼 비생산적인 일은 없다. 양측 모두 자기가 인식하는 현실만이 진실이라고 주장하며 현실을 공유하려는 시도조차 하지 않게 되기 때문이다.

상대의 힘에 제압되거나 위협을 느낄 때 내 편이 되어 상황을 인식해줄 사람을 찾는 것은 자연스러운 반응이다. 마음을 안정시키고 앞으로 나아가려면 현실인식을 공유해줄 사람이 꼭 필요한 것도 사실이다. 하지만 제3자의 건설적인 비판과 옹호를 열린 마음으로 받아들이는 것과 다친 마음을 달래고 왜곡된 사고를 강화하기 위해 제3자를 이용하는 것은 꼭 구분해야 한다. 힘을 되찾기 위해 남들에게 기대는 것인지, 아니면 '적'을 무너뜨리기 위한 전략으로 남을 동원하는지 판단할 수 있는 사람은 오로지 자신뿐이다. 지원 네트워크가 적절한 경계 설정을 돕는지, 아니면 상대를 공격할 무기가 되고 있는지는 고통스럽고 치밀한 자기반성을 통해 드러나게 된다. 스스로에게 질문을 던져보라. 관계를 개선하기 위해 애쓰고 있는가, 아니면 자기 안의 무언가와 대면하지 않으려 애써 눈감고 있는가?

새로운 경계를 설정할 때면 상대가 그 과정에 어떻게 반응하는지 관찰하라. 이를 통해 함께 관계 개선이 가능한 상대인지 아닌지가 판명될 것이다. 경계와 개인적인 공간을 협상할 수 있는 상대라면 함께 있어도 안전하다. 하지만 나름의 현실을 고집하며 새로 설정한 경계를 거부하는 상대라면 위험하다. 자기 현실을 너무 쉽게 포기하고 상대의 관점을 수용하는 상대도 마찬가지로 위험하다. 이런 사람의 경계 존중은 표면적인 것에 그치기 쉽고 계속 경계를 조정하려든다. 또 쉽게 마음을 바꾸는 사람은 제3자의 이야기에 따라 다시금 마음을 바꿀 가능성도 높다. 유연하면서도 일관된 세계관과 자아개념을 지녀 경계를 유지할 수 있는 상대가 가장 안전하다.

잠자리에 들 시간에 걸핏하면 여동생이 전화를 걸어와 하소연을 늘어놓는다고 하자. 자신은 별로 똑똑하지 못한 동생을 늘 안쓰럽게 생각해 보살펴줘야 한다는 의무감을 느끼는 입장이다. 그래서 늦은 시간까지 전화를 받으며 이야기를 들어준다. 이런 일이 몇 년 동안 계속되었다. 두 사람의 관계에서 동생은 무력한 역할을 맡는 것으로 동의가 이루어진 셈이다.

이제 자신의 욕구를 지키고 동생의 힘도 확인시키기 위해 새로운 경계를 설정하려 한다. 실상 동생은 충분히 힘을 지니고 있고 자원도 많다. 그런 관계를 지속함으로써 동생의 자기존중감을 해치고 자신의 사생활도 침범당했다는 점을 깨닫게 되었기에 이제라도 변화가 필요하다고 동생에게 말한다. 동생을 사랑하고 돕고 싶지만 동생의 인생에 너무 많은 책임을 지기는 싫다고 말이다. 또 수면에 방해를 받으므로 통화 시간을 바꾸자고 제안한다. 어느 요일 어느 시간에 통화하면 좋은지 알리고 저녁 10시가 넘으면 자동 응답기를 켜겠다고 말해둔다. 동생의 반응은 어떨까?

변화를 좋아하는 사람은 거의 없다. 그러니 동생도 처음에는 선뜻 그러자고 하지 않을 것이다. 하지만 그동안 자신이 받은 느낌을 말해준다면(이때 절대로 비난해서는 안 된다) 동생은 결국 둘 중 한쪽을 택할 것이다. 하나는 개인적인 힘의 관점에서 나온 반응이고 다른 하나는 피해자 넋 사고방식에서 나온 반응이다.

동생이 피해자 넋으로 끌고 들어가려는 경우 나오는 반응은 비난이다. 더 이상 자기를 돌봐주지 않고 도움을 필요로 할 때 자기를 버려두는 나쁜 언니라고 비난할 수도 있다. 혹은 "난 결국 골칫덩이야. 아무도 내 곁에 있고 싶어 하지 않아. 그렇게 오랫동안 내 전화를 받아준 이유가 뭐지?"라는 식으로 스스로를 비난할 수도 있다. 이런 반응을 보인다면 함께 경계를 설정하기에는 적합하지 않은 상대이다. 그 관계에서는 자신을 보호할 방법을 찾아야 한다.

반면 동생은 그 변화가 자기 힘을 북돋운다는 점을 깨닫고 그에 걸맞은 반응을 보일지도 모른다.

"언니한테 그렇게 불편한 시간인 줄 몰랐어. 진작 알았어야 했는데, 미안해. 언니 잠을 방해했다는 걸 알았으니 이제 그렇게 전화하지 않을게."

덧붙여 이런 말까지 나올 수 있다.

"언니가 우리 관계에서 바라는 점을 이야기해줘서 고마워. 몇 년 동안 언니는 주기만 하고 나는 받기만 했으니 앞으로는 내가 더 많이 주도록 할게."

자신이 설정한 경계가 맘에 들지 않을 경우 힘을 가진 상대는 더 좋은 방법을 찾아내기도 한다. 이런 동생이라면 "난 밤에 수다 떠는 걸 좋아하는데 언니는 그렇지 않으니 혹시 대신 전화할 수 있는 친구가 있는지 찾아볼게. 그러면 나도 필요할 때 이야기를 할 수 있으니까. 언니한

테는 언니 편한 시간에 전화하면 되고 말이야." 이렇게 말할 수 있다.

이쯤 되면 일종의 질투심을 느낄지도 모른다. 동생이 자신 대신 제3자를 택한다는 데 대해서 말이다. 만약 그렇다면 불균형한 관계를 자신역시 무의식적으로 즐기고 있었다는 신호이다. 그런 마음을 억누르고동생이 성장할 수 있도록 도와라. 그러면 자매 모두가 자기 힘을 더 많이 확보하게 된다. 이런 접근은 어떤 관계에든 적용 가능하다.

다음 질문을 스스로에게 던져보라.

- 나 자신을 보호하고 성장하기 위해 지금 내가 할 수 있는 일은 무엇인가
- 상대의 성장을 돕기 위해 지금 내가 할 수 있는 일은 무엇인가
- 안전하고 건강한 인간관계를 만들기 위해 지금 내가 할 수 있는 일은 무엇인가

책임을 진다는 것에는 경계를 설정해 상처 주는 상대로부터 안전거리를 유지하는 일, 학대를 당한 결과로 느끼는 감정과 대면하는 일이 모두 포함된다. 자신이 가진 힘을 발휘하면 주변의 자원을 활용해 수치심, 외로움, 소외감 같은 고통에 홀로 빠져 있지 않도록 할 수 있다. 피해자덫에서 빠져나오면 방어적인 자기보호가 아닌 자기애에서 힘을 얻기 때문에 학대에서 벗어날 수 있다. 피해자 덫에 갇힌 사람은 힘이 자기 바깥의 어딘가에 존재한다고 믿기에 남을 비난한다. 힘이 자기 안에 존재한다고 생각하면 자기 고통과 행복에 책임을 질 수 있다.

성장

　우리는 누구나 과거의 고통을 되살리는 인간관계를 또다시 맺게 된다. 익숙한 것을 선택하려는 본능 때문이다. 자신이 평범한 사람이라면 지금까지와는 전혀 다른 인간관계를 맺을 기회를 여러 차례 스쳐 보냈을 것이다. 마음이 내키지 않아서 혹은 관심이 없어서 말이다. 대신 우리의 무의식적 선택 과정은 과거에 끝나지 않은 관계를 완성하도록 이끈다. 그래도 문제 해결이 이루어졌다면 보다 건강한 관계로 옮겨갈 수 있다. 하지만 그렇지 못한다면 고통스러운 경험을 계속 반복하게 된다.

　피해자 덫에 걸린 사람은 해결해야 할 문제만 점점 더 많이 만들어내면서 과거의 연결고리를 끊지 못한 채 악순환을 거듭한다. 벗어나기 위해 안간힘을 쓰면서도 결국은 제자리다. 어떻게 그런 관계에 그토록 오랫동안 붙잡혀 있을까 싶지만 우리 중 많은 이들이 그런 실수를 저지른다. 대체 이유가 무엇일까?

피해자 덫에 걸리는 이유는 거기에 무언가 마음을 끄는 면이 있기 때문이다. 최소한 표면에라도 말이다. 상대가 다가와 우리가 필요하다고 말하고 찬미까지 한다면 그 유혹을 뿌리치기는 어렵다. 특별한 사람이 되어 상대를 돕고 싶은 마음, '뭔가 대단한' 사랑을 이루고 싶은 마음은 누구에게나 있기 때문이다. "당신 없이는 도저히 살 수 없어요" "당신처럼 멋진(강한, 현명한, 열정적인, 유능한) 사람은 한 번도 만나본 적이 없군요" "제발 도와줘요. 남들은 아무도 절 이해하지 못해요"라는 말을 듣게 될지도 모른다. 이런 말을 들으면 남자든 여자든 포로가 되어버린다. 자기가 상대의 인생을 완전히 바꿔놓을 수 있다고 믿는 것이다. 상대의 삶에 도움이 되는 것은 건강한 관계에서도 중요한 일이긴 하다. 하지만 스스로 무력하다고 믿는 사람은 상대를 여신이나 슈퍼맨처럼 더 강하고 더 멋지게 느끼게 하고 궁극적으로는 더 많은 의무감을 안겨준다. 이 유혹은 대단히 강렬해 피해자 덫에 걸리는 것과 진정한 사랑에 빠지는 것을 명확히 구분하기 어려울 정도이다.

남자들은 무력감을 느끼는 여자들에게 특히 약하다. 무력한 여자가 미칠 수 있는 피해를 과소평가하기 때문이다. 우리 사회가 남자는 여자보다 강하다는 인식을 조장하는 탓에 많은 남자가 여자를 '통제'하거나 '관리'할 수 있다고 믿는다. 하지만 실상 무력하게 보이는 여자가 극단적으로 강하고 위험할 수 있다. 결론은 남자와 여자 모두가 자기 힘을 가지고 있다는 것, 그 어느 쪽도 상대를 진정으로 통제할 수는 없다는 것이다.

피해자 덫에 걸린 관계 중에서도 가장 위험한 유형이 낭만적인 관계다. 영화 〈위험한 정사〉나 뮤지컬 〈오페라의 유령〉을 보면 피해자인 여자가 파괴적인 힘을 발휘하거나 학대당한 남자가 사랑하는 여자에게 상처를 입히는 모습이 그려진다.

피해자 덫 관계를 매력적으로 여기는 이유는 상대의 요구에서 자기의 모습 일부를 보기 때문이다. 무력감을 느끼는 것이 무엇인지 알기 때문에 그런 상대를 위해 무언가 할 수 있다는 점이 뿌듯하다. 결국 피해자 덫에 걸리는 이유는 상대를 도우려 했기 때문이 아니라 자기 잠재의식 속의 무력감을 치유하려 했기 때문이다.

그런 힘든 관계에 빠져든 자신을 비난하는 것은 도움이 되지 않는다. 그보다는 어떻게 해서 그렇게 되었는지를 이해해야 한다. 어쩌면 이미 거쳐 지나왔다고 생각해 제쳐두었던 과거의 감정을 다시 느끼는 자기 모습을 발견하고 당황할지도 모른다. 다 끝났다고 생각하면서도 익숙한 관계 유형에 마음이 끌리고 동시에 변화를 원할 수도 있다. 마음과 몸이 기억하기 때문이다. 상황이 유사하다면 과거의 고통이 되살아난다. 자연이 주는 위험신호이다. 두뇌에 한 번 새겨진 유형은 완전히 사라지는 법이 없다. 잘 사용되지 않아 숨어 있을 따름이다. 그러니 과제는 그 유형을 지우는 것이 아니라 새로운 관계 유형을 만들어 과거의 유형보다 더 크게 하는 것이다. '안 돼. 또다시 이럴 수는 없어'라는 느낌은 과거의 관계를 다 해결하지 못했다는 뜻이 아니라 현재의 관계가 과거의 고통을 되살릴 정도로 나쁘다는 뜻이다. 핵심은 이제 자신이 새로운 반응을 선택할 수 있다는 데 있다.

자신을 더 잘 이해하고 성장하기 위해 던질 수 있는 유용한 질문이 많다. 동시에 핵심을 흐리게 하고 시간을 낭비하도록 만드는 질문도 많다. 아래와 같은 자기비난의 질문들은 피해라.

- 어째서 이런 일이 일어나리라는 걸 알지 못했지
- 이 사람이 상황을 엉망진창으로 만들게 내버려둔 이유가 무엇이지
- 어째서 날 좀 더 잘 돌보지 못했을까

남을 비난하는 질문 역시 무익하다. '어떻게 내게 이런 짓을 할 수 있을까?' '도대체 왜 날 사랑해주지 않는 거지?' '왜 약속을 지키지 않는 거야?' 등과 같은 질문은 과거로부터 학습하는 데 도움이 되지 않는다. 오히려 더욱 강하게 과거와 상처를 주는 사람에게 묶어버린다.

비난하지 않으면서 과거의 경험으로부터 학습하도록 해주는 질문을 던져라. 다음 질문들이 그 예이다.

- 다시 똑같은 일을 겪게 된다면 어떻게 달리 행동할 수 있을까
- 다른 관계에서 이런 일이 발생할 경우 뭔가 잘못되어간다는 점을 알려주는 신호는 무엇일까
- 어떻게 하면 이 상황에 잘 대처할까
- 이런 관계에서 설정해야 할 경계는 무엇일까
- 어떻게 해서 나 자신 혹은 남들의 힘을 과소평가하게 되었을까

힘은 행동할 수 있는 능력이다. 힘은 성장을 위해서도, 파괴를 위해서도 쓰일 수 있다. 자기 삶에서 힘을 어떻게 사용하는지는 스스로 책임져야 한다. 제대로 통제되는 힘은 우리를 앞으로 나아가게 하고 긍정적인 변화를 불러일으킨다.

변화

우리는 대부분 변화에 저항한다. 그 변화를 스스로 통제할 수 없다면 더욱 그렇다. 이 점을 기억해야 미래의 인간관계에서 현실적인 기대를 가질 수 있다. 자기 힘을 발휘해 더 건강한 경계를 설정하려든다면 상대는 그 변화에 저항하기 쉽다. 사실 새로운 경계 설정은 문제를 해결하기는커녕 더 많은 갈등을 불러일으키는 것처럼 보이기도 한다. 그런 갈등은 피해자 덫이 지닌 몇 가지 잠재적 성향 때문이다.

첫째, 우리가 행동이나 경계를 변화시키면 상대는 두려움, 분노, 슬픔, 무력감을 느낄 수 있다. 무력하다고 믿는 사람들은 감정을 통제하지 못하기 때문에 변화에 쉽사리 동조해주리라 기대하기는 어렵다.

둘째, 스스로 무력하다고 믿는 사람들은 자기인식이나 능력을 의심하기 때문에 자기의 현실인식을 남에게 과도하게 강요하곤 한다. 자신에게 동조하는 제3자를 데려와 힘을 포기하도록 만들기도 하고, 상대의 인식이 맞을지도 모른다는 데 공포감을 느끼며 한층 열정적으로 자기 이야기를 늘어놓기도 한다. 직접적인 대화를 회피하고 뒤에서 욕하거나 침묵을 지키는 식의 수동적 공격을 통해 변화를 거부하기도 한다.

셋째, 우리가 더 건강하고 더 힘 있는 선택을 하는 경우 상대는 자기 행동에 더 많은 책임을 져야 하기 때문에 변화를 거부하게 된다. 무력한 사람들은 스스로 삶을 관리할 능력이 없다고 믿고 있기 때문에 성장을 거부한다. 성장의 기회를 받아들이려 하지 않는 상대는 거센 공격을 해 올 수도 있다.

도대체 부정적인 얘기뿐이라는 생각이 드는가? 이렇듯 치료의 첫 단계는 병으로 아픈 것보다 더 힘든 법이다. 하지만 혼란 속에서도 상황을 정리하려는 노력을 멈추지 마라. 햇살을 향해 앞으로 나아가야 한다. 그 과정에서 자신을 변화시키는 일은 혼란스러울 수밖에 없다는 점을 인정하고 스스로에게 관대하라. 지원 네트워크를 활용해 관계에서 얻을 수 있는 것에 대해, 그리고 실제로 이룰 수 있는 변화에 대해 현실적인 기대를 하라. 다음과 같은 질문을 던져라.

- 나는 어떻게 비현실적인 기대를 하게 되었는가
- 내 삶의 어떤 영역에서 스스로 변화가 가능한가
- 내가 상대에게 미치는 영향의 한계는 무엇인가

- 상대의 힘은 어느 정도인가
- 상대의 변화능력은 얼마나 되는가
- 과거의 행동으로 미뤄볼 때 어느 정도의 변화가 현실적으로 기대 가능한가
- 과거의 경험으로 볼 때 현재의 인간관계에서 기대할 수 있는 것은 무엇인가
- 과거의 경험으로 볼 때 미래의 인간관계에서 기대할 수 있는 것은 무엇인가

지원 네트워크를 길잡이로 활용하다 보면 새로운 가능성이 생겨나고 상황이 좀 더 명확해질 것이다. 건강한 경계를 설정하고 유지할수록 자신의 힘도 강해진다. 상대는 우리가 과거의 관계를 정리할 것이라는 점을 깨달으면 대신할 다른 사람을 찾을 수도 있다. 계속 우리에게 미끼를 던질 수도 있지만, 이미 성장을 선택한 사람은 다시 퇴보할 가능성이 적다. 시간이 걸리겠지만 결국은 노력이 보상받고 우리의 귀중한 시간과 에너지는 보다 건강하고 더 만족스러운 관계, 현실인식 공유가 가능한 관계로 향하게 될 것이다.

문제 해결

우리 대다수는 힘이라는 스펙트럼의 양극단 사이 어딘가에 위치하기 때문에 늘 힘이 강한 사람들과만 어울리기는 힘들다. 우리가 맺는 관계들을 보면 강한 힘과 무력함이 뒤섞여 스펙트럼의 중간쯤에 위치하게 된다. 하지만 무력한 역할을 고집하며 무슨 말을 하고 어떤 행동을 하든 변화하지 않으려는 상대도 종종 만나게 된다. 우리는 이런 상대를 어떻게 대하면 좋을까?

우선 피해자 됫 관계를 유지하기로 결정한다면 완전한 만족은 불가능하다는 점을 인식하라. 장기적인 문제 해결 능력이 없는 사람들도 있다. 진전이 이루어졌다고 좋아하다가 어느새 과거의 유형이 다시 나타나는 것을 보고 실망할 수도 있다. 관계가 만족스럽지 않다는 느낌을 견려내는 법을 학습하는 것이 중요하다. 스스로 무력하다고 여기는 상대를 대할 때는 우리가 어떻게 하든 상대를 행복하게 만들거나 변화시키지 못한다는 점을 기억하면 도움이 될 것이다. 우리는 자신을 통제할 순 있어도 남을 통제할 수는 없다. 상대에게서 나쁜 사람, 배려가 부족한 사람이라는 원망을 듣는다 해도 방어하지 않는 법을 학습하라. 나름의 경계를 설정하고 자기 감정을 중시하며 상대를 대하도록 하라.

고통에 비생산적인 반응만 되풀이하게 되는 한 가지 이유는 해결을 하기보다는 '그저 고통을 없애려는' 습관 때문이다. 고통스러운 인간관계를 그냥 끝내버리는 것은 최악의 선택이다. 흔히들 관계에서 물러서면 그 영향도 끝난다고 생각한다. 감정을 차단하고 직접 만나지 않으며, 그 사람에 대해 생각조차 하지 않으면 관계가 끝나는 것이라 착각하는 것이다. 이제 위험에서 벗어나 안전하다고 생각하며 '다 끝난 일이야. 더 이상은 그 일에 대해 이야기하고 싶지 않아'라든지 '다 지난 일이야' 혹은 '그런 일은 두 번 다시 없을 거야'라는 말을 중얼거리기도 한다. 하지만 의식적으로 생각하지 않으면 존재조차 사라진다는 믿음은 명백한 잘못이다. 이는 마치 어린아이들이 눈을 꼭 감고 있으면 남들이 자기를 보지 못할 거라고 생각하는 것과 같다.

자신에게 갖는 의미의 재설정 없이 관계를 '종료'한다는 것은 환상에 불과하다. 학대가 지속될 위험도 크다. 관계 재설정은 사랑이 넘치는 새로운 미래로 나아가도록 힘을 북돋는 해결책이다. 문제는 그 관계에 대해 생각을 하느냐의 여부가 아니라 어떻게 생각을 하느냐에 있다. 관계를 끝내면서 고통도 끝났다고 생각하던 사람들은 악몽이 이어지면서,

혹은 새로운 관계도 이전과 똑같은 모습을 띤다는 점을 발견하면서 놀라게 된다.

일단 거리상의 단절이 이루어졌다면 이제 우리의 삶에서 관계를 재설정하는 과업이 남아 있다. 학대 사건의 의미를 바꾸고 내적 힘을 되살리며 주변 사람들과의 현실공유를 발전시켜라. 거리상으로 단절되었다고 해서 힘을 통제하지 못하는 상대와의 관계가 정말로 끝났다고 착각하지는 마라. 관계를 재설정하고 원하는 경계를 설정하는 데 힘을 쏟아야 한다.

쉽지 않은 과정이므로 망설이지 말고 도움을 요청하라. 학대나 결핍 경험을 혼자서 해결할 수 있는 사람은 아무도 없다. 필요할 때 도와준 사람이 없었기 때문에 인간에 대한 신뢰를 상실해버린 상태라면 용기를 내라. 도움을 청하는 것은 나약함의 신호가 아니다. 인간을 지구상에서 가장 강한 종(種)으로 만들어준 힘이다. 독립적이고도 강한 관계를 만드는 핵심요소는 책임과 용서이다. 홀로 맞서지만 않는다면 대면하기조차 두려운 그런 감정이란 없다.

감정 통제

　피해자 덫에서 자유로워지려면 자신의 감정 통제 방법부터 익혀야 한다. 자신과 상대 사이의 안전거리가 얼마나 되는지를 알려면 솔직한 감정과 느낌이 필요하다. 무의식에 숨은 감정을 드러내는 작업을 하라. 피해자 덫에서 벗어나려면 표면적 감정 아래 숨은 감정까지 이해해야 한다. 관계에서 스스로 어떤 감정적 반응을 가지는지 완전히 파악해야 상대에게 책임을 묻기 위한 정보가 수집된다. 실제 위험평가는 각각의 반응 뒤에 숨은 감정을 파악하고 나서야 가능하다.

　일단 학대를 당하고 나면 남들을 신뢰할 수 없게 된다. 하지만 자신에 대한 신뢰를 회복하면 남을 신뢰할 수 있는 능력도 되찾을 수 있다. 우리 자신의 감정을 신뢰하게 되면 상대의 진실성을 평가하기 위한 정보가 수집된다. 물론 상처받은 경험이 있다면 이는 결코 쉬운 일이 아니지만 말이다.

인간관계의 경험을 피상적으로 이해하는 데 그치지 않겠다는 것은 그 관계에서 무력한 지위를 거부하고 자신과 상대를 분석해 자기보호 방법을 터득하는 책임을 지겠다는 의미이다. 고통과 대면함으로써 어떤 감정이든 통제할 수 있다는 자신감, 상대에게 책임을 묻고 자신의 과거에서 이어진 미완의 과업을 완수하겠다는 결심을 하게 되는 것이다.

피해자 덫에서 빠져나오기 위해 애쓰는 중이라면 고통을 힘으로 전환시키는 과정에서 감정의 시험을 거쳐야 할지도 모른다. 수치심, 소외감, 외로움 등의 감정이 가장 반갑지 않은 순간에 찾아오곤 한다. 피해자 덫에 걸린 관계에서 자신이 상대의 필요를 채워줄 수 있는 중요한 존재라는 생각을 하게 되었을지도 모른다. 가진 힘을 인정하는 것은 중요하지만 그렇다고 상대방을 구원하고 완벽히 행복하게 만들어줄 만큼은 아니다. 감정과 대면한다는 것은 한계를 받아들이면서 자기 힘을 회복한다는 뜻이다.

용서

　피해자 뎃 관계를 맺어왔다면 자신도 상처를 입었을 것이다. 상처를 입혔던 그 관계와 화해하려면 용서가 필요하다. 용서는 상대가 아닌 우리 자신을 위한 것이라는 점을 명심하라. 용서는 우리의 정체성을 재정립하고 과거가 아닌 미래를 바라보도록 하는 힘 있는 행동이다. 또한 용서는 일회적이지 않고 역동적으로 지속되는 과정이다.

　용서한다는 것은 대단히 어려운 행동이다. 우선 상처를 상처로 되갚지 않겠다는 결정을 내려야 한다. 복수는 만족이 크기 때문에 내게 상처입힌 사람에게 상처를 주는 일이 정당하다고 착각하기 쉽다. 이런 감정 상태일 때는 상담을 받아라. 복수는 순간적인 달콤함은 줄 수 있지만 결국은 상대방만큼이나 자신도 고통을 겪게 된다. 상처를 상처로 되갚으면서 스스로도 피해자 덫에 다시 휘말리게 된다. 어떤 상황에서는 복수에 대해 이야기하는 것이 마음을 달래고 카타르시스를 줄 수 있다. 하지만 행동할 시점이 되었을 때는 적절한 경계를 설정하고 강화하는 데 에너지를 쏟도록 하라.

가능하다면 상처 입혔던 사람과 이야기를 나누면서 자신이 입은 상처에 대해 이해를 공유하도록 하라. 가해자가 내 감정을 이해해준다면 더없이 좋지만 이것이 불가능한 경우도 종종 있다. 그렇다면 가해자의 협조가 있든 없든 자신의 지원 네트워크를 활용해 고통과 대면하도록 하라. 지금 곁에 있는 사람들이 현실을 공유할 수 있는 친구들이다. 고통스러운 감정에 깊은 공감을 얻는 것은 용서를 향한 중요한 걸음이다.

용서하고 싶지 않거나, 아직은 용서할 때가 되지 않았다고 여겨지는 상대도 있을지 모른다. 시간이 좀 더 필요하다면 자신을 압박하지 말고 우선 회복 과정을 이어가라. 상대가 득을 본 것처럼 보이고 이제 와 행복하게 만들어주고 싶지 않기 때문에 용서하기 싫을 수도 있다. 용서하는 것이 상대가 과거에 저지른 일에 대해 괜찮다고 말하는 것이라 생각한다면 이는 오해이다. 절대 그렇지 않다. 용서는 우리 삶에 드리워진 부정적인 영향을 걷어내고 행복을 향해 앞으로 나아간다는 의미일 뿐이다. 상대와는 상관없는 일이다.

상대가 용서를 빈다고 할 때 "괜찮다"라고 말하지는 마라. 과거에 자신이 입은 상처까지 용서할 수는 없지 않은가. 하지만 상대가 상처 준 것을 깊이 이해한다고 판단되면, 그리하여 진정으로 뉘우치며 보상하려 하는 것이라면 "용서해줄게"라고 말할 수 있다.

용서는 다시금 관계를 맺자는 뜻이 아니다. 부정적인 과거를 인정하고 뒤에 남겨두기 위한 행동이다. 용서하고 나면 상처 주었던 상대를 다시 내 삶으로 불러들여야 한다고 오해하는 사람이 많다. 용서하고 난 후라도 여전히 우리에게 안전하지 않은 사람들도 있다. 상대를 내 삶에서 격리하기 위해 계속 분노 상태를 유지할 필요는 없다. 우리에게는 상대를 용서하고 앞으로 나아갈 힘이 있다. 그 상대는 과거에 놓아두고 현재에 들어오지 않도록 하면 된다.

상처를 입힌 상대와 직접 만날 기회가 없다 해도 용서는 가능하다. 남들의 행복이 나와 관련 있다는 생각을 멈춰라. 우리는 상대의 과거 행복에도, 현재 행복에도 책임이 없다. 자신에게 상처를 입힌 상대가 절대 행복해서는 안 된다고 바라게 되면 자신 또한 행복할 수 없다. 그 상대가 계속 인생에서 중요한 자리를 차지하게 되고 미래의 새로운 관계를 만들어나갈 때 사용해야 할 에너지를 빼앗아버린다. 우리의 분노는 스스로 보호하고 문제를 바로잡기 위한 것이지 남을 공격하기 위한 것이 아니라는 점을 기억하라. 어차피 인간의 고통을 측정해 공평하게 되돌려주기란 불가능하다. 상처 주었던 사람이 현재 행복해 보인다고 해도 그건 더 이상 나와는 상관없는 일이다. 건강하고 성숙한 관계를 만드는 데 집중하라.

옮긴이 _ **이상원**

서울대학교 소비자아동학과와 노어노문학과를 졸업하고 한국외대 통번역대학원에서
석사와 박사 학위를 받았다. 삼성전자 국제본부 직원, 한국외대 BK21사업단 상임연구
원을 거쳐 2006년부터 서울대학교 기초교육원에서 강의교수로 일하며 '인문학 글쓰
기'와 '말하기' 강좌를 운영하고 있다. 1999년부터 출판 번역을 해왔고, 《생각의 빅뱅》
《긍정으로 교감하라》 등 60여 권의 번역서를 출간했다.

나는 왜 상처받는 관계만 되풀이하는가

초판 1쇄 발행 │ 2012년 2월 27일
초판 5쇄 발행 │ 2013년 12월 30일

지은이 │ 카르멘 R. 베리 · 마크 W. 베이커
옮긴이 │ 이상원
펴낸이 │ 강효림

편 집 │ 심은정 · 이신혜 · 곽도경
표지디자인 │ 윤대한
내지디자인 │ 채지연
마케팅 │ 김용우

종 이 │ 화인페이퍼
인 쇄 │ 한영문화사

펴낸곳 │ 도서출판 전나무숲 檜林
출판등록 │ 1994년 7월 15일 · 제10-1008호
주 소 │ 121-230 서울시 마포구 망원동 435-15 2층
전 화 │ 02-322-7128
팩 스 │ 02-325-0944
홈페이지 │ www.firforest.co.kr
이메일 │ forest@firforest.co.kr

ISBN │ 978-89-97484-02-7 (03180)

내 몸 건강을 위한 현명한 선택!

걸을수록 뇌가 젊어진다

걷기의 건강 효과와 걷기가 뇌에 좋은 이유를 과학적으로 밝혀 알기 쉽게 정리한 걷기 예찬론. 즐겁게 걷는 방법과 걸으면 왜 기분이 좋아지는지, 걷기가 어떻게 우울한 마음을 달래주는지 등 책장을 넘기다 보면 어느새 걷고 싶어진다.

오시마 기요시 지음 | 성기홍 · 황소연 옮김 | 216쪽 | 값 10,000원

세로토닌 100% 활성법

세로토닌 연구의 세계적 권위자 아리타 히데오 박사의 세로토닌 뇌 활성법. 세로토닌이 무엇이고 어떤 경로로 우리에게 영향을 미치는지, 세로토닌을 활성화하는 방법은 무엇인지를 구체적으로 다루어 신체활동이 부족한 직장인과 학생, 우울감을 겪는 주부, 밤에 활동하는 사람 등 자신의 라이프스타일에 맞게 활용할 수 있다.

아리타 히데오 지음 | 윤혜림 옮김 | 212쪽 | 값 12,000원

마음을 즐겁게 하는 뇌

자기 스스로의 힘으로 행복과 평화를 불러올 수 있는 방법을 알려주는 심리치유서. '뇌과학'이라는 측면에서 접근하여, 어떻게 사람의 마음이 평화와 안정을 되찾고 맑고 고요한 상태에 다다를 수 있는지를 9가지 심리치유의 원리로 객관적이고 분석적으로 설명하고 있다.

다카다 아키카즈 지음 | 윤혜림 옮김 | 212쪽 | 값 13,000원

내가 말하는 진심 내가 모르는 본심

문제 없이 잘사는 것 같은데 왠지 늘 마음 한쪽이 허전하고, 삶이 정체된 것만 같고, 뭔가 부족한 것만 같다. "무언가가 내 행복을 훼방놓는건 아닐까?" 하는 의심까지 한다. 왜일까? 그리고 늘 뭔가를 갈망하는 이유는 뭘까? 이 책은 방어기제 뒤에 숨은 자신의 '진짜 마음'을 보게 함으로써 온전한 행복을 느끼게 해준다.

매릴린 케이건, 닐 아인번드 지음 | 서영조 옮김 | 292쪽 | 값 14,800원

정신증상의 양자물리학적 이해 빙의는 없다

《전생여행》의 저자 김영우 박사의 정신의학과 양자물리학의 만남! 빙의, 다중인격 환자들의 자아초월 최면치료 사례와 함께 인간 의식이 경험할 수 있는 여러 신비현상과 난치의 증상들에 대해 기존의 정신의학과 양자물리학을 포함한 새로운 과학적 지식들을 바탕으로 설명하였다.

김영우 지음 | 376쪽 | 값 17,000원

암~ 마음을 풀어야 낫지

암 발생의 가장 큰 원인 중의 하나는 바로 스트레스다. 따라서 스트레스로 고통받는 마음을 풀어야 꼬인 유전자가 풀리고 서서히 건강한 세포가 살아나기 마련이다. 저자는 암을 치료하는 데 있어서 심리치료와 영성치료의 중요성을 강조하고 전반적인 심신의학의 치료법은 물론이고 명상을 통해 마음을 치료하는 법도 제시하고 있다.

김종성 지음 | 288쪽 | 값 13,000원

전나무숲 건강편지를
매일 아침, e-mail로 만나세요!

전나무숲 건강편지는 매일 아침 유익한 건강 정보를 담아 회원들의 이메일로 배달됩니다. 매일 아침 30초 투자로 하루의 건강 비타민을 톡톡히 챙기세요. 도서출판 전나무숲의 네이버 블로그에는 전나무숲 건강편지 전편이 차곡차곡 정리되어 있어 언제든 필요한 내용을 찾아볼 수 있습니다.

http://blog.naver.com/firforest

 '**전나무숲 건강편지**'를 메일로 받는 방법 forest@firforest.co.kr로 이름과 이메일 주소를 보내주세요. 다음 날부터 매일 아침 건강편지가 배달됩니다.

유익한 건강 정보,
이젠 쉽고 재미있게 읽으세요!

도서출판 전나무숲의 티스토리에서는 스토리텔링 방식으로 건강 정보를 제공합니다. 누구나 쉽고 재미있게 읽을 수 있도록 구성해, 읽다 보면 자연스럽게 소중한 건강 정보를 얻을 수 있습니다.

http://firforest.tistory.com

 스마트폰으로 전나무숲을 만나는 방법

전나무숲
www.firforest.co.kr / e-mail_forest@firforest.co.kr

네이버 블로그   다음 티스토리